대통령
노무현은
왜
실패했는가

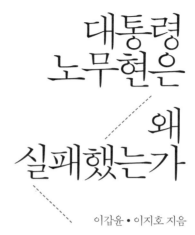

대통령
노무현은
왜
실패했는가

이갑윤 • 이지호 지음

논쟁적 대통령 노무현에 대한
평가와 성찰

에이도스

차례 ●

머리말 논쟁적 대통령 노무현   00

01
대통령의 실패   11

02
와해(2003년 3월~2004년 4월)   27

03
기회(2004년 4월~2005년 4월)   53

04
악순환(2005년 4월~2006년 5월)   77

05
불능(2006년 6월~2008년 2월)   95

06
왜 실패했을까?   113

07
실패는 피할 수 있었는가?   135

08
신화를 넘어서   149

노무현 대통령 국정 지지도와 주요 일지   166
참고자료   170

논쟁적 대통령 노무현

사회 내에 사건과 사고가 발생할 때마다 국민은 습관적으로 국가와 정부를 바라본다. 해결해주기를 바라기 때문이다. 그러나 언제부터인가 우리의 국가와 정부는 문제 해결의 능력을 전혀 보여주지 못하고 있다. 생선가게를 지키는 고양이처럼 오히려 문제 그 자체이다. 우리의 대통령과 정부는 정직하지 못하고, 약속을 안 지킬 뿐 아니라 문제 해결에 필요한 전문성과 능력도 제대로 갖추고 있지 못하다. 게다가 국회의원들은 여당과 야당으로 나뉘어 끊임없는 대립과 갈등으로 사회 분열과 정치 불안정을 조장하고 있다. 이런 상황에서 우리 국민이 정당과 정부에 대해 세계 최고 수준의 불신감을 갖고 있다는 사실은 당연하다고 하겠다. 이는 민주주의의 역설이다. 자신의 손으로 직접 선출한 대통령과 국회를 국민이 믿지 않는 것이다.

왜 우리의 정치는 좋아지지 않는가, 무엇을 어떻게 고쳐야 하는가,

또는 어디서부터 시작해야 하는가. 이런 질문에 대답하기 위해서 가장 먼저 해야 할 일은 한국 정치의 현실이 어떠하고 왜 그러한지 그 원인을 밝히는 것이다. 예를 들어 최근 빈번히 발생하는 국제 테러를 예방하기 위해서는 반인륜적인 테러를 비판하기에 앞서 테러주의자들의 심리와 태도, 그리고 그들의 사회 경제적 환경, 더 나아가 이들을 둘러싼 국제정치의 역학 구도 등이 테러에 미치는 영향을 밝혀 테러가 발생하는 원인을 과학적으로 규명해야 한다. 그러나 우리의 기대와는 달리, 한국 정치의 암울한 현실을 개선하는 데 필요한 과학적 지식이 많이 축적되어 있지는 않다. 정치학자들은 현실 정치와 될 수 있으면 거리를 두려고 하고 국민은 정치를 무조건 비판하는 데만 열중해왔기 때문이다.

노무현 대통령과 참여정부는 한국 정치의 다양한 문제점을 극명하게 드러내었다고 할 수 있다. 노 대통령은 집권기간 내내 국민으로부터 매우 낮은 지지를 받았으며 그가 이루고자 했던 국정과제도 제대로 실현시키지 못했다. 개혁을 둘러싸고 나타났던 보수진영과 진보진영의 극한대립은 국민에게 개혁 피로감을 주었으며, 참여정부의 국정운영에서 나타난 미숙함과 시행착오는 무능한 진보라는 비판을 받게 했다. 그 결과 집권 후반기에는 정부가 아무런 일도 하지 못하는 식물정부로 전락하고 말았다.

노무현 대통령에 대한 평가는 매우 논쟁적이다. 노 대통령을 좋아하는 사람들은 노 대통령이 실패하기는커녕 성공했다고 강변하고 있다. 반대로 그를 싫어하는 사람들은 노 대통령의 모든 면이 잘못되었다고 비판하고 있다. 안타까운 사실은 노무현 대통령에 대한 가치편향적인 논쟁 속에서 그는 어떻게 그리고 왜 성공했는가 혹은 실패했는가를 중립적으로 분석하는 글은 거의 찾아볼 수 없다는 것이다. 이 글은 대통령으로서의 노무현을 실패로 규정하고 왜 실패하게 되었는지 그 원인을 사실의 객관적 분석을 통해 밝히고자 한다.

이 책에서 노무현 대통령이 실패했다는 것은 노무현 개인, 혹은 그가 지향했던 가치나 인생역정의 실패를 의미하지는 않는다. 또 노 대통령과 참여정부가 모든 분야에서 실패했다는 것도 아니다. 그의 실패란 정부의 수장인 대통령으로서 재임 중 정책수행 성과가 크게 나타나지 않았으며 국민으로부터 낮은 직무수행 평가를 받았다는 사실을 의미한다. 참고로 이 책의 목적은 노 대통령과 참여정부에 대한 과학적 지식을 제공하는 것이지 노 대통령의 잘잘못을 새로이 평가해 또 하나의 논쟁을 시작하자는 것이 아님을 밝혀둔다.

이 책이 목표로 하는 독자는 학생과 직장인을 포함한 일반 국민이다. 따라서 국민의 눈높이에서 이해하기 어려운 복잡한 이론이나 통계적 분석을 포함시키지 않았다. 또 진보, 보수, 운동권, 개혁 등의 용어를 사용할 때 이들의 개념을 명확히 정의하기보다 일반 국민들 사이에서 통용되는 뜻으로 사용했다.

이 책의 독자가 국민이 되어야 하는 이유는 민주주의에서는 정치를 변화시키는 궁극적인 주체가 국민이기 때문이다. 한국 정치를 발전시키기 위해서는 정치인들부터 달라져야 한다. 하루빨리 자질과 전문성을 높이고 지나친 대립과 갈등을 지양해야 한다. 그러나 국민의 지지를 통해 자신들이 추구하는 권력을 얻고자 하는 정당과 정부를 변화시킬 수 있는 유일한 방법은 국민이 그들의 변화를 유도하는 방법밖에 없다. 그런 점에서 앞으로 대통령의 실패를 반복하지 않기 위해서는 국민이 실패의 원인을 이해하여 대통령과 정부의 실패를 사전에 예방할 수 있도록 여론, 투표 등의 정치참여에 있어 합리적인 선택을 해야 할 것이다.

01

대통령의 실패

대통령의 권력에 관한 중요한 논쟁 중의 하나는 대통령이 왕과 같이 임기 중 국민의 지지가 없어도 자신이 하고 싶은 정책을 마음대로 결정하고 집행할 수 있는가 하는 것이다. 이 문제에 대해 그렇다고 생각하는 사람들은 주로 법이나 제도적인 측면에서 현직 대통령의 행위를 통제할 수단이 별로 없다고 여긴다. 그렇기 때문에 이들에게 대통령은 선출된 왕(elected king)으로 인식된다. 그러나 정치 현실을 기술하고 설명하는 대부분의 정치 과학자들은 대통령이 선출된 왕은 아니라고 본다. 왜냐하면 국민이 지지하지 않는 정책을 대통령이 일방적으로 결정하고 집행하는 역사적 사례가 별로 많지 않기 때문이다.

대통령이 국민의 의사를 거스르려고 하지 않는 이유가 그들의 높은 도덕성 때문은 물론 아니다. 대통령도 다른 정치인들과 마찬가지로 권력 그 자체를 목적으로 하건 권력을 통해 다른 가치를 실현하려고 하건 본질적으로 권력을 추구하는 사람이다. 그리고 대통령은 그런 목적을 달성하는 데 가장 성공한 사람이다. 대통령이 국민의 의사를 존중하는 가장 큰 이유는 민주주의 하에서 대통령의 권력의 원천이 바로 국민의 지지에 있기 때문이다. 국민의 지지가 높은 대통령은 자신이 원하는 정책을 과감하게 실행할 수 있지만 지지가 없는 대통령은 아무것도 할 수 없게 된다.

이 책은 노무현 대통령의 실패에 관한 책이다. 대통령으로서 노무현의 실패를 이해하는 데 있어 핵심은 대통령에 대한 국민의 낮은 직무평가다. 노무현 대통령은 집권 기간 내내 국민으로부터 낮은 지지를 받았으며, 이로 인해 국정운영의 주도력을 잃게 되었다. 또한 국정 주도력의 상실로 인해 정부 성과가 제대로 나오지 않음으로써 지지율이 더 낮아지는 악순환이 발생하게 되었다.

노무현 대통령의 통치를 실패로 보는 **몇 가지 이유**

여기서 노 대통령의 실패란 노무현이 걸어온 길, 노무현의 꿈과 이상이 모두 실패했다는 것을 의미하지는 않는다. 당선 후 5년 동안 정부의 수반인 대통령으로서 노무현의 실패를 의미한다. 정치인으로서 노무현은 그의 정치적 꿈과 소망을 국민에게 설득하는 데 어느 정도 성공했다. '반칙 없는 세상', '지역주의 타파'의 외침은 울림이 있었고 특히 젊은 대중은 그에게 열광했다. 그리하여 한국 정치사에서 찾아 보기 힘든 드라마틱한 장면을 연출하면서 대통령에 당선될 수 있었다. 정치인 노무현은 지금도 여전히 인기가 높다. 최근 수년간 역대 대통령에 대한 존경심, 호감도 등의 순위를 조사한 여론조사에서 노무현 대통령은 박정희 대통령과 함께 항상 1, 2위를 다투고 있다. 노무현은 이제 하나의 현상을 넘어 신화로 발전하고 있으며 그를 좋아하는 사람들은 새로 유권자로 편입되는 젊은 세대에서 계속 충원되고 있다.

노무현의 신화가 어느 정도 사실에 기반한 것인지는 논란의 여지가 있을 수 있다. 그러나 분명한 것은 대통령으로서 노무현은 성공하지 못했다는 것이다. 대통령의 성공은 선거에서 자신이 내걸었던 국민과의 약속을 포함해 그의 정부 앞에 놓인 국정과제를 국민이 지지하는 가운데 현실적으로 이루어내는 데 있다. 그러나 노무현 대통령은 그러지 못했다.

노 대통령의 실패를 나타내는 가장 중요한 지표는 대통령의 직무수행에 대한 긍정평가, 즉 국민들의 지지도이다. 노무현 대통령은 민주화 이후 역대 대통령 중 재임기간을 통틀어 지지도 평균이 가장 낮았다(표 〈1-1〉). 갤럽과 R&R의 조사 모두에서 평균 국정지지율은 김대중, 김영삼, 이명박, 노무현의 순이다. 김영삼 대통령은 임기 5년 차에 IMF 외환위기를 맞으면서 가장 낮은 지지도를 기록했지만, 임

조사기관	대통령	평균	최저	최고
R&R(월별)	김영삼	53.9	14.0	87.3
	김대중	57.6	33.0	81.3
	노무현	34.3	20.3	75.1
	이명박	38.4	21.6	59.5
갤럽(분기별)	김영삼	39.6	6.0	83.0
	김대중	42.9	24.0	71.0
	노무현	27.4	12.0	60.0
	이명박	35.2	21.0	52.0

기 1년차에는 80%대를 유지하는 높은 지지를 받았다. 이명박 대통령은 '미국산 소고기 파동'으로 집권 초기에 20%대의 낮은 지지를 받았지만, 집권 중·후반기에는 40%대를 전후하는 지지를 유지했다. 이에 비해 노무현 대통령은 집권 초기 70%대의 높은 지지가 3개월도 채 지나지 않아 30%대로 급락했고, 중간에 두세 차례의 반등이 있긴 했지만 임기 종료까지 20~30%대의 낮은 지지가 지속되었다.

노무현 대통령이 실패했다고 할 수 있는 또 하나의 증거는 재임 기간 동안 이렇다 할 뚜렷한 업적이 없었다는 것이다. 한반도 평화, 부정부패 척결, 국가 균형발전, 양극화 해소를 핵심적인 국정과제로 제시했지만 어느 것 하나 참여정부의 공으로 기록될 만한 실적이 없었다. 이는 김영삼 대통령의 군부세력 척결, 금융실명제 실시, 김대중 대통령의 IMF 위기 극복, 남북관계 해빙 등과 같은 성과와 대비된다고 하겠다.

국민의 지지와 **대통령의 권력**

이 책이 국민의 대통령 직무평가에 초점을 두는 이유는 민주주의 국가에서 대통령에 대한 평가는 주인인 국민의 몫이기 때문이다. 민주주의 체제에서는 국민들의 지지를 받아 선거에서 승리하는 정당과 후보자가 정부에 들어가게 되고, 국민에게 약속한 정책을 잘 수행함으로써 다음 선거에서 국민들의 지지를 다시 받게 된다. 민주주의 체제에서 정부를 구성하고 교체하는 것은 모두 국민의 지지에 근거한다.

현직 대통령에 대한 국민의 지지가 낮으면 다음 선거에서 그 대통령이 속한 정당이 패배하는 데만 문제가 있는 것이 아니다. 우리나라와 같은 대통령 단임제 국가에서는 재선이 허용되는 국가에 비해 현직 대통령이 국정을 잘 수행함으로써 지지를 극대화해서 차기 선거에서 승리하겠다는 동기가 크게 작용하지 못한다. 그래서 집권한 대통령이 자신의 정치철학을 강조하고 국민의 지지가 낮아도 이에 아랑곳하지 않고 자신의 국정 방향을 고집하는 경우가 있다. 그러나 대통령에 대한 국민의 지지가 낮으면 당장의 권력 행사가 어려워진다는 데 더 심각한 문제가 있다. 국민의 지지가 낮으면 야당의 반대를 극복하지 못하게 되고 정책 추진력이 떨어지게 된다. 국민의 낮은 지지로 인해 대통령이 통치력과 권위를 상실해 불능정부가 되는 상황이 더 큰 문제인 것이다.

노무현 대통령이나 참여정부에 관한 글들을 보면 참여정부가 제대로 정책성과를 내지 못한 이유가 보수언론이나 기득권세력의 저항에 있었다고 주장하는 경우가 적지 않다. 보수언론의 지나친 '노무현 죽이기'가 대통령 지지도를 낮추었으며 이로 인해 정부의 정책 추진력이 떨어졌다는 것이다. 이러한 주장이 완전히 틀린 것은 아니다. 실제로 보수언론의 비판과 기득권세력의 저항이 거세었던 것이 사실이기 때문이다. 그러나 보수세력의 노무현 대통령에 대한 공격은 낮은 국정 지지의 원인이 아니라 오히려 결과였다. 노무현 정부가 인수위를 거쳐 막 출범했을 때만 해도 언론과 기득권세력이 그렇게 '노무현 죽이기'를 하지는 않았다. 대통령 지지도가 낮아지면서 그들의 공세가 시작되었고, 지지가 더 낮아지면 더 세게 포화를 퍼부었다.

재임기간 동안 발생했던 헌정사상 초유의 대통령 탄핵사태도 노대통령에 대한 국민의 지지가 높았다면 일어나지 않았을 것이다. 집권 말기 나타났던 진보의 '노무현 떠나기'는 대통령을 힘이 없는 레임덕(lame duck)이 아니라 아무것도 할 수 없는 데드 덕(dead duck)으로 만들었다. 이는 인기가 없는 대통령이 왜 아무것도 할 수 없는가를 잘 보여주는 사례다. 열린우리당과 진보정치인들의 떠나기는 그들이 노무현 대통령과 이념, 정책을 달리 해서가 아니었다. 대통령의 인기가 떨어져 자신들의 정치적 이익에 부담이 될까 봐 떠난 것이었다.

지지율 변화와 **네 번의 시기**

노무현 대통령에 대한 국민들의 지지는 집권 기간 동안 매우 낮았다. 노 대통령은 전임 대통령과 달리 대통령의 원활한 국정운영에 최소한 필요하다는 40%대의 지지율을 임기 내내 얻지 못했을 뿐 아니라 지속적으로 하락해 임기 후반에는 10%대의 지지율을 보여주기도 했다. 지지세의 반등은 간헐적으로 나타났지만 곧이어 실시된 재보궐선거나 지방선거에서의 참패 등을 계기로 다시 하락하게 되었다.

국민들의 대통령에 대한 지지율 변화를 중심으로 노 대통령의 집권기간을 크게 네 개의 시기로 구분할 수 있다. 첫 번째는 정부 출범부터 2004년 3월 탄핵까지의 시기로 대통령 선거에서 노무현 후보의 승리를 가져왔던 지지연합이 와해되는 시기였다. 초기 6개월 사이에 노 대통령이 대북송금 특검을 수용하고, 미국정부의 요청으로 이라크 파병을 결정함에 따라 민주당의 핵심지지층인 호남과 젊은 유권자의 지지가 상당수 이탈하게 되었다. 여기에 화물연대와 NEIS(국가교육정보시스템) 문제에 대한 미숙한 정부의 대처와 심각한 경기 불황으로 중도보수층도 노무현 대통령의 통치력에 불안감을 느끼고 지지를 유보하게 되었다.

두 번째는 2004년 4월 총선 이후부터 2005년 4월 재보궐선거까지의 시기다. 2004년 4월 총선에서 열린우리당이 국회 과반의석을 획득했고, 이어 헌법재판소에서는 대통령 탄핵소추안을 기각했다. 그 결과, 노무현 대통령은 통치의 안정적 기반을 확보할 수 있었다. 경제가 어려운 가운데 다수 국민들은 정부가 경제 성장과 경기 회복에 노력을 기울여주길 기대했는데 정부와 여당은 국민의 삶과 직접 연관되지 않았던 4대 개혁입법에 전력함으로써 국민들의 대통령 지지는 또 다시 급락했다. 그리하여 열린우리당은 2005년 4월 30일에 실시되었던 재보선에서 한나라당에 참패를 하게 되었고, 17대 총선에서 만들어졌던 여대야소의 유리한 국면을 잃게 되었다.

세 번째 시기는 선거에서 계속 패배하면서 대통령 통치의 권위가 상실되었던, 2005년 4월 재보선 이후부터 2006년 5월 지방선거까지의 시기였다. 재보선으로 여소야대의 국면을 맞이하게 된 노무현 대통령은 전격적으로 한나라당에 대연정을 제의했으나 거절당했다. 정부는 부동산 가격 안정을 목적으로 8월 31일 종합부동산대책을 내놓았으나, 부동산 가격의 상승세를 멈추지 못했다. 이러한 상황에서 실시된 10월 26일 보궐선거에서 열린우리당은 크게 패배했고, 대통령의 지지도는 20%대로 하락하게 되었다. 2006년 제4회 지방선거에서 열린우리당의 참패로 노무현 대통령과 참여정부는 국정운영의 주도력을 완전히 상실하게 되었다.

네 번째 시기는 지방선거 이후부터 17대 대통령 선거가 있었던 2007년 12월 말까지로 열린우리당을 포함한 진보진영이 노무현 대통령으로부터 떠나가는 '배반'의 시기였다. 열린우리당 의원들의 집단 탈당이 시작되었으며, 세 차례의 탈당 이후 열린우리당은 해산되었고 결국 민주당과 합당해 통합신당을 결성했다. 낮은 지지로 인해 노 대통령은 정치권과 국민 사이에 어느 정도 합의가 있었던 원 포인트 개헌과 한미 FTA 비준조차도 실현하지 못하고 다음 정부로 이관하게 되었다. 비록 노 대통령의 지지율이 약간 상승해 30%대에서 임기를 마감할 수 있었지만 국민의 관심은 이미 노 대통령을 떠나 차기 대통령 선거로 모아졌다.

문제**의식**

이 책이 풀려고 하는 의문은 왜 노무현 대통령의 지지도가 집권 초기부터 그렇게 낮았는가, 특히 왜 노 대통령과 참여정부는 탄핵 기각과 총선 승리 이후에 찾아온 통치력 회복의 기회를 잡는 데 실패했는가 하는 것이다. 노무현 대통령의 낮은 인기가 기득권세력과 재벌의 공세, 조중동 등 보수언론의 비판, 미국 부시정권과의 불협화음 등 외부적 요인에 기인하는 바도 없지 않았지만 결코 결정적인 것은 아니었다. 여기서 이 책은 주로 영남 출신의 진보대통령으로서 노무현이 지녔던 내재적 한계와 민생과 경기 회복을 도외시하고 정치 개혁에 전념한 그의 선택에 초점을 맞추어 낮은 지지도의 원인을 규명하고자 한다.

노 대통령 재임 시 대통령에 대한 국민의 낮은 직무평가를 분석할 때 잊지 말아야 할 점은 노무현이 단순한 실패자가 아니라는 것이다. 그는 실패자인 동시에 성공한 사람이기도 하다. 인간 노무현이 갖는 장점은 불의와 타협하지 않는 도전 정신, 정직성과 신념, 약자의 편에 서고자 하는 박애정신 등일 것이다. 그러나 이러한 장점은 국민이 원하는 민생과 경기 회복을 해결해야 하는 현직 대통령에게 결코 도움을 주지 못했다. 경제 성장이 최우선적으로 요구되는 상황에서도 정치 개혁만을 밀어붙여 성장은 물론 개혁마저도 실패하게 하는 요인이 되었다. 이렇게 볼 때 인간 노무현이 가졌던 정의를 실현해야 한다는 사명감과 대통령 노무현이 보여준 자신만이 옳다는 독선은 빛과 그림자처럼 서로 불가분의 관계에 있다고 할 수 있다.

이 글의 목적은 현재 적지 않은 국민들이 높게 평가하는 노무현 전 대통령이 대통령 재임 당시에는 왜 국민의 지지를 얻는 데 실패했는가를 밝히는 데 있다. 이는 단순한 지적 호기심을 만족시키기 위해서가 아니라 한국 정치의 발전에 도움이 될 수 있는 지식을 발견하기 위해서이다.

정도의 차이는 있으나 민주화 이후 역대 대통령들은 성공보다는 실패라는 측면이 더 컸다. 모두에게 실패의 측면이 많이 있었다는 말이다. 혹자는 노무현 정부에 이은 이명박 정부의 실패 또한 그 정도가 만만치 않다고 주장할지 모른다. 틀린 말은 아니다. 그러나 이 책이 노무현 대통령을 연구의 대상으로 선택한 이유는 노 대통령의 사례가 집권 시 성공보다는 실패의 측면이 더 두드러지게 나타났던 사례일 뿐 아니라 대통령에 대한 국민의 낮은 지지로 인해 정부가 아무 것도 할 수 없었던 사례이기 때문이다. 국정운영에 가장 큰 어려움을 겪었던 대통령의 실패의 원인을 살펴봄으로써 앞으로 등장할 대통령의 국정 실패에 대한 예방책을 찾으려는 것이 이 책의 목적 중 하나다.

노무현 대통령의 통치는 실로 실험적이었다. 사회 경제적으로 보수세력이 우위를 점하고 있는 한국 사회에서 비주류의 진보정부가 전반적인 구조 개혁을 추진하려 했던 것은 도전이고 실험이었지만 현실적이지는 못했다. 그러나 이러한 조건에서도 진보적인 정치세력의 재집권은 언제나 가능하다. 노무현과 지난 18대 대선에서 문재인 후보가 보여주었듯이 호남 유권자의 전폭적인 지지를 배경으로 영남 유권자 또는 비호남 유권자로부터 어느 정도의 지지를 얻으면 국민의 50%에 가까운 득표를 얻을 수 있기 때문이다. 그러나 선거에서의 승리가 곧 성공적인 통치를 보장하지는 않는다. 노 대통령의 개혁에 어떤 한계와 문제가 있었는지를 밝힘으로써, 앞으로 진보진영이 집권할 때 국정 실패를 반복하지 않기 위한 교훈을 발견하는 것이 이 책의 또 다른 목적이다.

그러나 이 책의 가장 큰 목적은 일반 국민들이 한국 정치와 정부의 운영에 대해 좀 더 중립적이고 객관적인 지식을 갖도록 함으로써 앞으로 합리적인 정치 선택을 하는 데 도움이 되고자 하는 것이다. 설사 노 대통령의 실패가 대통령 개인의 잘못된 선택에서 기인했다고 하더라도 국민이 그 책임을 피할 수 없다. 왜냐하면 국민이 노무현을 대통령으로 선출했기 때문이다. 현재 한국인들 중에는 무조건적으로 정치를 불신하는 사람들이 너무 많다. 또 정당과 정부에 대한 지지를 결정할 때 감정적인 지역주의나 소모적인 이념 대립에 의존하는 사람들 또한 매우 많다. 대통령 실패의 피해는 궁극적으로 국민이 부담하게 된다. 따라서 대통령 실패의 피해를 더 이상 부담하지 않기 위해서는 국민이 실패의 원인을 이해하고 그로부터 자신들을 변화시켜야 할 것이다.

│ 비난과 옹호를 넘어

당파적인 입장에서 과거사를 무조건 비판하거나 또는 무조건 옹호하는 태도는 가치중립성을 요구하는 과학적인 접근이 아니다. 노무현 대통령 혹은 참여정부에 관해 씌어진 그간의 글들을 보면, 노 대통령에 대한 국민의 평가가 그러하듯이 매우 논쟁적이다. 한쪽의 글들은 노 대통령에 대한 보수세력의 비판이 근거가 없음을 밝히고 참여정부의 국정운영을 정당화하고 있는 반면, 다른 쪽의 글들은 보수적 입장에 서서 모든 면에서 노무현과 참여정부가 잘못했다고 비판하고 있다. 그러나 이런 가치 개입적 태도로는 역사적 경험을 과학적으로 설명할 수 없을 뿐 아니라 올바른 교훈도 도출해낼 수 없다. 그렇기 때문에 이 책은 가치중립적 입장에서 객관적으로 노 대통령과 참여정부에 접근하고자 했다.

노무현 대통령을 실패했다고 규정하는 것이 과연 가치 중립적인가 하는 의문이 제기될 수 있다. 먼저 노 대통령이 실패했다고 하는 것은 국민의 낮은 대통령 직무평가와 기대에 못 미치는 국정운영 성과를 말하는 것이지 잘했다거나 잘못했다고 하는 당위적인 평가를 의미하는 것이 아니다. 두 번째로 이 책은 왜 노무현 대통령의 직무평가가 낮았으며 국정 성과를 제대로 이루지 못했는지 그 원인을 객관적으로 밝히자는 것이지 노 대통령과 참여정부를 비난하거나 옹호하자는 것은 아니다.

노무현 대통령에 대한 국민의 직무평가를 분석할 때, 이 책은 두 가지 방법을 사용한다. 하나는 역사적 방법으로 임기 동안 시기별로 직무평가가 어떻게 달라졌으며 대통령과 정부의 인사와 정책 등을 포함한 구체적 정치 행위들이 직무평가에 어떻게 영향을 미쳤는가를 살펴본다. 또 하나는 체계적 방법으로 왜 노무현 대통령에 대한 직무평가가 그토록 낮았는지 그 원인을 분석한다. 이때 대통령의 직무평가를 결과로서만이 아니라 원인으로도 볼 것이다. 즉 대통령 직무평가가 대통령과 정부의 정책에 어떤 영향력을 끼쳤는지도 분석한다. 정부와 국민은 서로 영향을 주고받기 때문에 국민의 직무평가가 대통령의 행태에 어떤 영향을 주는지도 이해하기 위해서다.

이 책에서 사용하는 자료는 대부분 1차 자료이다. 사안들에 대한 언론의 반응을 파악하기 위해서는 보수성향의 〈조선일보〉와 진보성향 〈한겨레〉의 사설을 주로 참조했고, 참여정부의 자체 평가와 해석을 알기 위해서는 당시 국정홍보처에서 발행한 『참여정부 국정운영 백서』를 이용했다. 대통령 지지도와 이슈별 국민여론을 파악하기 위해서는 주로 한국사회조사연구소(이하 KSOI)의 자료를 사용했다. 다만 전임 대통령 시기와 비교할 때는 리서치앤리서치(이하 R&R)와 한국갤럽의 자료를 이용했다. 말과 행동에 대한 1차 자료를 분석하는 가장 중요한 이유는 연구의 객관성을 유지하기 위해서다. 더불어 연구의 중립성을 유지하기 위해 대부분이 편파적인 기존의 문헌들은 의도적으로 다루지 않았다.

이 책의 구성은 다음과 같다. 제2장에서 제5장까지는 대통령 지지도의 특성에 따라 나눈 네 시기의 지지도 변화와 노 대통령과 정부의 정책을 포함한 정치 사회적 사건의 상호관계를 검토할 것이다. 이러한 분석에 기초해서 제6장에서는 기존의 연구들이 주장한 노 대통령 실패의 요인, 즉 보수진영의 공세와 진보진영의 분열, 파격적인 대통령의 언행, 참여정부의 비전문성과 무능, 비현실적인 급진적 이념의 영향을 검토한다. 제7장에서는 대통령의 실패가 구조적 환경의 결과였는지 전략적 선택의 결과였는지를 논의한다. 다시 말해 대통령의 실패는 필연적이었는지, 아니면 피할 수 있었던 것이었는지를 검토할 것이다. 결론인 제8장에서는 노 대통령의 실패가 반복되지 않기 위해서 앞으로 등장할 대통령과 정부, 진보정당과 정치인, 그리고 국민이 어떻게 변화해야 하는지를 제시하고자 한다.

02

와해

2003년 3월~2004년 4월

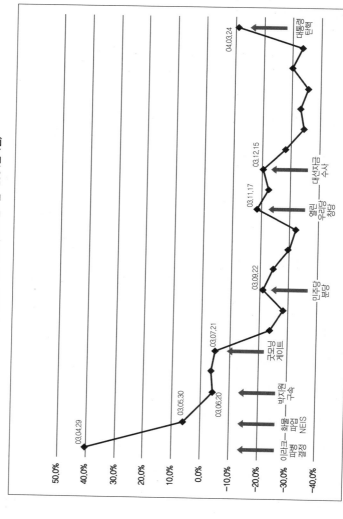

〈그림 2-1〉 대통령 국정지지도(2003년 4월~2004년 4월)

주: 수치는 국정운영 평가 잘함에서 잘못함을 뺀 값(%p).
출처: KSOI(4월 29일 자료는 갤럽)

참여정부의 밀월기는 전임 정부에 비해 조속히 마감되었다. 밀월기란 새로이 취임하게 된 대통령이 국민을 포함해 언론, 이익집단 심지어는 야당 지지층에서조차 긍정적 지지를 받는 시기를 말한다. 보통 수 개월간 지속되는 밀월기간 동안 대통령은 자신의 국정운영 방침을 국민에게 널리 알릴 뿐 아니라 정당과 이익단체의 협조를 구하게 된다. 그러나 노무현 대통령의 밀월기는 채 3개월을 지속하지 못했다.

〈그림 2-1〉은 2003년 2월 참여정부 출범부터 2004년 3월 대통령 탄핵 결정까지 노무현 대통령의 국정 지지도 변화를 보여주고 있다. 그림이 표시하고 있는 수치는 국정수행을 잘한다고 평가한 사람들의 비율에서 잘못한다고 답변한 사람들의 비율을 뺀 차이를 나타낸다. 국정 지지도의 변화를 나타내는 수치로 잘함과 잘못함의 비율을 뺀 차이를 사용한 이유

는 모름·무응답이 있는 원자료에서 지지도에 잘함의 비율만이 아니라 잘못함의 비율도 고려해 넣기 위해서다. 따라서 그림에서 보여주는 수치는 단순한 지지의 비율보다 더 정확한 직무평가에 대한 정보를 알려준다.

노무현 대통령의 지지도는 취임 후 두 달 동안 전직 대통령들처럼 80%에 가까웠지만, 3개월째 접어들면서 무려 40%p 하락했다. 4월 말 갤럽 조사에서 취임 직후 노무현 대통령의 직무수행 평가는 잘함이 잘못함보다 40%p 이상 더 많았다. 그러나 6월 중반, 대북송금특검으로 박지원 전 청와대 비서실장이 구속되는 즈음에는 처음으로 잘못함이 잘함보다 4.3%p 더 많아졌다. 대통령에 대한 평가는 민주당 내부의 구주류와 신주류의 갈등이 증폭되고 끝내 민주당의 분당으로 이어졌던 8월에서 10월 사이에 더욱 악화되었다. 이 시기에 대통령에 대한 평가는 잘못함이 잘함보다 평균 26.5%p만큼 더 많았다. 이러한 평가는 열린우리당이 창당되어 컨벤션 효과를 누리던 11월 중순에서 12월 중순까지의 한 달간을 제외하고는 대통령 탄핵 이전까지 지속되었다.

지지연합의 **와해**와 지지율 **하락**

지지연합의 해체

지지연합이란 선거에서 정당이나 후보자가 특정 사회집단으로부터 높은 지지를 받는 현상을 말한다. 민주화 이후 민주당 계열 정당과 한나라당 계열 정당의 지지연합은 대체로 지역을 중심으로 형성되었다. 민주당 계열 정당은 모든 선거에서 호남지역으로부터 압도적인 지지를 받았고, 반대로 한나라당 계열 정당은 영남지역으로부터 높은 지지를 받았다. 수도권과 충청지역에서는 일반적으로 40대 이하의 유권자들이 민주당을 지지하고, 50대 이상의 유권자들은 한나라당을 지지하는 경향을 나타냈다. 2002년 대선에서도 과거와 같이 강한 지역적 지지연합이 나타났지만 노무현 후보와 이회창 후보의 이념적 차이가 두드러져 연령집단에서도 지역을 능가할 정도로 강한 지지연합이 나타났다. 그러나 호남인과 비호남의 젊은 세대로 구성된 노무현 후보의 지지연합은 취임 6개월도 되지 않아 크게 축소되었다.

〈표 2-2〉는 지역별로 대선 당시 노무현 대통령에 대한 지지와 집권 초기 국정 지지도의 차이를 보여주고 있다. 대선 사후조사의 노무현 후보 지지와 집권 3개월이 지난 2003년 5월 말 조사의 대통령 국정 지지도 차이는 지역별로 많이 달랐다. 수도권에서의 지지 하락은 12~3%p로 나타났고, 충청권도 약 10%p의 차이를 보였다. 하지만 호남은 대선에서 노무현 후보에 대해 95.1%의 압도적인 지지를 보냈으나, 집권 3개월이 지난 시점에는 무려 42%p나 지지율 하락을 보인다.

〈표 2-3〉은 연령별로 대선 당시 노무현 후보에 대한 지지율과 집권 초기의 지지율 차이를 보여주고 있다. 대선 사후조사에 따르면

<표 2-2> 지역별 대선 지지와 정권 초기 지지도(%)

	대선 사후조사	5.30 조사	8.26 조사	격차
전체	56.1	48.4	30.9	25.2
서울	57.9	44.5	27.7	30.2
인천/경기	60.6	48.6	26.0	34.6
대전/충청	63.7	54.0	35.0	28.7
광주/전라	95.1	52.6	50.7	44.4
대구/경북	28.6	47.3	30.4	- 1.8
부산/울산/경남	33.2	47.5	27.8	5.4

출처: 대선 사후조사: 한국사회과학데이터센터(이하 KSDC), 5.30/8.26조사: KSOI

20대는 68.3%가 노무현 후보를 지지했고, 30대 또한 62.1%의 높은
지지를 보였다. 집권 3개월이 지난 5월 30일 조사에서는 20대가 약
6%p, 30대와 40대는 약 14%p의 지지 이탈을 보였다. 그러나 50대
는 대선 당시의 지지율과 큰 차이를 보이지 않았다. 집권 6개월이 지
난 8월 26일 조사는 모든 연령대에서 큰 폭의 지지 하락을 나타내고
있다. 특히 20대는 37.5%만이 노 대통령을 지지했고, 30대는 28.9%
만이 지지를 보였다. 그리하여 그 격차는 20대가 30.8%p, 30대가
33.2%p로 평균 격차 25.2p%보다 훨씬 컸다.

  일반적으로 선거에서 형성된 지지연합이 당선 후 해체되는 데는
두 가지의 이유가 있다. 첫째, 선거 당시 유권자들이 후보자를 지지
하는 성격과 집권 후 대통령을 지지하는 성격의 차이 때문에 지지연
합이 무너지게 된다. 선거 당시에는 그 후보가 좋아서 지지하는 절대

〈표 2-3〉 연령별 대선 지지와 정권 초기 지지도(%)

	대선사후조사	5.30 조사	8.26 조사	격차
전체	56.1	48.4	30.9	25.2
20대	68.3	61.8	37.5	30.8
30대	62.1	47.9	28.9	33.2
40대	48.1	34.2	26.0	22.1
50대 이상	48.1	47.1	30.2	17.9

출처: KSDC, KSOI

적 선호뿐만 아니라 상대후보의 당선을 저지하기 위해 지지하는 상
대적 선호가 작용하기 때문에 후보자는 광범위한 지지를 얻을 수 있
다. 그러나 승자가 집권을 하게 되면 상대적 선호에 의해 그를 선택
했던 유권자들은 지지에서 이탈할 가능성이 높다. 상대적 선호는 그
만큼 충성도가 낮기 때문이다.

이러한 가설은 호남지역에서 노무현 대통령의 지지 이탈을 설명할
수 있다. 2002년 대선 당시 호남지역 유권자들은 노무현 후보 개인
에 대한 절대적인 선호보다는 한나라당과 이회창 후보의 집권을 막
기 위해서 상대적으로 당선 가능성이 높은 영남 출신의 노무현 후보
를 선택했다. 만약 노무현 대통령이 호남 유권자들이 절대적으로 선
호할 수 있는 호남 출신의 대통령이었더라면 집권 초기 이렇게 큰 폭
의 지지 철회는 없었을 것이다. '호남사람들이 나 좋아서 지지한 것
이 아니고 이회창 후보가 싫어서 지지한 것'이라는 광주 발언을 시작

으로 대북송금특검 수용과 같은 노 대통령의 일련의 탈호남 행보는 호남 유권자의 이탈을 촉진시켰다.

두 번째로, 지지연합의 와해는 약속과 업적의 간극에서 발생한다. 선거 당시에 대통령은 국민들을 향해 집권 이후 실행하려는 정부정책을 제시하게 된다. 이러한 약속은 정당이나 후보의 이념적 성향으로부터 나온다. 노무현 후보는 대선 당시 한국 정치가 놓인 이념적 지형으로 보아 상당히 왼쪽에 있었다. 외교안보정책에서 한미동맹보다 균형외교를 강조한 것이라든지 경제정책에서 경제 성장보다 분배와 복지에 더 큰 무게를 두었던 점에서 그랬지만, 권위주의 청산, 부정부패 타파 등을 제기함에 있어서도 노무현 후보는 김종필과 연합하고 있었던 1997년의 김대중 후보보다 훨씬 더 왼쪽에 있었다. 젊은 세대는 노무현 후보의 이러한 이념적 성향을 자신과 가까이 느끼고 그에 따른 약속을 기대하며 전폭적인 지지를 보냈다. 그러나 '미국에게 할 말은 하겠다'던 노무현 대통령에 걸었던 젊은 세대의 기대는 이라크 파병 결정으로 인해 실망으로 돌아섰다.

대북송금특검의 수용과 등 돌린 호남

2003년 2월 초, 여소야대의 상황에서 한나라당 주도로 「대북송금특별법」이 국회에서 통과되자 언론은 노무현 당선자가 이 문제를 어떻게 처리할 것인가에 초미의 관심을 두었다. 대북송금이란 2000년 당시 김대중 대통령과 김정일 국방위원장 간의 6·15 정상회담 직전에 현대상선이 4억 달러를 북한에 비밀 송금했다는 내용인데, 한나라당은 돈을 주고 남북정상회담을 샀다고 공격했고, 김대중 전 대통령과 현대 측은 경협사업권에 대한 대가라고 주장했다. 같은 달 14일, 김대중 대통령은 대국민 담화를 통해 대북송금이 남북관계의 이중성과 북의 폐쇄성 때문에 불가피하게 비공개로 법 테두리 밖에서 이루어졌음을 시인하면서, 남북관계 개선과 한반도 평화와 번영을 위한 충정으로 이해해줄 것과 국익을 위한 정치권의 각별한 정치적 결단을 촉구했다.

민주당 안에서는 김대중 대통령의 대국민담화 이후 특검법에 거부권을 행사해야 한다는 목소리가 컸으나, 청와대의 대통령 참모들은 의견이 분분했다. 정무참모 라인에서는 '검찰수사를 통해 털고 갈 수밖에 없다'는 입장이 강했고, 남북관계 라인의 참모들은 새 정권의 남북당사자 간 신뢰 훼손을 우려하는 기류가 강했다고 한다.[1] 당시 민정수석이었던 문재인은 3월 14일, 한 언론사와의 인터뷰에서 김대중 전 대통령의 대국민사과와 임동원 전 국정원장의 해명이 충분하지 않다며, 사법처리 가능성까지 시사해 특검 수용에 무게를 두었다.[2] 그리고 이날 노무현 대통령은 특검법을 수용했다.

특검은 곧 현대그룹이 대북 7대 사업권 구입 명목으로 4억 5천만

---

1 〈한겨레〉, 2003년 1월 30일자.
2 《신동아》, 2003년 4월 1일. 통권523호.

달러를 북한 정부에 송금한 사실과 그중 1억 달러는 정부의 정책지원금으로 충당했다는 사실을 밝혀냈다. 특검의 강도 높은 수사가 진행되어 추가적으로 현대의 비자금 150억이 드러나는 등 관련자들에 대한 압박이 거세지자 당시 현대 회장으로 사건의 핵심 인물인 정몽헌 회장이 계동 사옥에서 투신자살하는 사건이 발생했다. 이후 김대중 대통령의 측근이었던 박지원 전 비서실장은 대북송금과 무관한 뇌물수수 혐의로 3년 실형을 선고받았고, 국민의 정부 당시 대북업무를 총괄했던 임동원 전 국정원장 등도 구속 수감되었다.

그러면 왜 노무현 대통령은 대북송금특검법을 수용했을까? 먼저, 대북 송금을 조사해야 한다는 당시 여론의 압력을 거부할 명분을 찾기가 매우 어려웠던 것으로 보인다. 불법 송금에 대한 처벌은 하지 않더라도 조사는 반드시 해야 한다는 국민의 요구를 갓 취임한 대통령이 거부한다는 것은 전임 정부의 불법을 알면서 감추려는 것으로 비판받을 수 있기 때문이었다. 그래서 기존의 검찰수사 대신 특별검사를 통한 조사를 선택한 것은 전직 대통령을 조사는 하되 처벌하지 않기 위한 타협책이라는 해석이 가능하다.

노 대통령이 특검법을 수용한 또 하나의 이유는 정권의 지지기반을 비호남 특히 영남지역으로 확대하기 위한 것이었다. 노 대통령은 당선 직후 지역정당 구조를 타파하고 민주당의 지지기반을 전국으로 확대해 17대 총선의 승리를 목표로 삼았다. 당시 민주당이 전국 정당으로 변화하기 위해서는 영남지역과의 교감이 필수적이었고, 실제로 노 대통령은 내각과 검찰, 청와대 인사에서 영남을 배려하는 모습이었다. 영남 출신 참여정부 인사들은 이전부터 김대중 정부와의 차별화를 수 차례 제기해왔고 이러한 태도가 대북특검 수용, 민주당으로부터의 분당, 한나라당과의 대연정 제의로 이어져 나타났던 것이다.

특검 수용이 미친 영향은 지지연합의 분열로 나타났다. 대선 당시 노무현 후보에게 전폭적인 지지를 보냈던 호남인들이 대북송금특검으로 지지를 철회하기 시작한 것이다. 호남 사람들에게 있어서 대북송금특검은 김대중 대통령이 이룬 남북정상회담의 역사적인 의미를 훼손하는 것이며, 노벨평화상을 수상한 명예도 깎아내리는 것으로 비쳤다. 특검의 결과가 대북송금이 남북정상회담과 직접적인 연관이 없는 것으로 결론이 났지만, 호남인들에게 노무현 대통령의 특검 수용은 그가 영남으로부터 지지를 얻기 위해 호남을 배신한 것으로 받아들여졌다.

이라크 파병과 진보의 반발

2003년 3월 20일 오전 5시 30분, 영국과 미국의 연합군은 바그다드 남동부에 미사일 폭격을 가함으로써 이라크 전쟁을 시작했다. 그러나 미국의 이라크 공격은 개전 전부터 반대가 심했다. 전쟁의 정당성이 약해 보였기 때문이다. 2003년 2월 중순, 평화단체를 비롯한 NGO들의 네트워크가 가동해 전 세계 곳곳에서 동시다발로 대규모

반전 시위가 일어났다. 한국에서도 인권평화단체를 중심으로 반대 시위와 반대 표명이 이어졌다.

미국은 우방국에 전쟁에 동참해줄 것을 요청했고, 여기에는 한국 정부도 포함되었다. 미국의 요청에 대해 내각의 외교-국방-안보 라인은 파병해야 한다고 주장했고, 청와대 정무분야 참모들은 파병을 반대했다고 한다(문재인, 2011). 대통령은 파병을 결정했으며, 그 성격은 전투작전 수행이 아니라 평화재건 지원이었다. 노무현 대통령이 파병을 결정한 이유는 북핵 위기의 평화적 해결을 위해 미국의 협조가 절실히 필요하다는 것이었다(국정홍보처, 2008). 당시 미국 일각에서는 대북공격설이 나돌았고 대북봉쇄 등의 제재조치가 제기되고 있었으며, 세계적인 신용평가기관인 무디스가 한국의 신용등급 전망을 한 등급 내리면서 외국인 투자가 해외로 급속히 유출되는 상황이었기 때문이다. 한편, 노무현 대통령은 이라크 파병 동의안이 국회에 통과된 직후, 미국을 방문해 미국의 부시 대통령과 정상회담을 가지면서 북핵 저지를 위한 한미동맹을 재확인했다.

청와대의 파병결정 방침의 확정과 국회의 파병동의안 통과 이후 국내에서도 진보성향의 사회단체와 학생들을 중심으로 이라크 파병 반대 성명과 시위가 연일 계속되었다. 당시 여론은 미군 장갑차 여중생 사망 사건을 계기로 터진 주둔군지위협정(SOFA) 개정에 대한 요구 등으로 미국에 우호적이지 않았기 때문에 이라크 파병 반대운동은 대중적인 호응을 얻었다. 노 대통령이 미국에 대해 균형 있는 자세를 취할 것으로 기대했던 젊은 지지자들은 이라크 전쟁을 일으킨 부시 대통령과의 정상회담에 실망했으며, 이라크 파병이 가시화되자 실망이 분노로 바뀌었다. 참여연대를 비롯한 진보세력과 대학생들의 이라크 파병 반대 시위가 노무현 대통령의 대미외교에 대한 비판으로 번져가면서 노무현 대통령에 대한 젊은 층의 지지는 크게 감소하게 되었다. 선거 당시의 약속과 집권 후의 행동이 달랐기 때문이다.

보수층의 **불안감**

아마추어리즘과 파격 인사

앞에서는 선거에서 한 약속과 집권 후의 업적 사이에 오는 간극을 통해 선거연합의 와해를 설명했다. 그러나 대북송금특검을 수용하고 이라크 파병을 결정함으로써 호남과 젊은 세대의 진보 유권자들로부터 지지를 잃었다면 그 반대로 영남과 나이가 많은 보수 유권자로부터 지지가 유입되는 것이 유권자 선택의 일반적인 모습이다. 실제로 대북송금특검법을 수용하고 이라크 파병을 결정했을 당시, 영남지역과 나이 많은 세대에서 노 대통령에 대한 지지는 증가했다(〈표 2-2〉, 〈표 2-3〉 참조). 그러나 노무현 대통령과 참여정부는 이들 보수집단으로부터 증가된 지지를 유지하는 데 성공하지 못했다. 보수층의 지지를 얻으려면 정부가 통치의 능력과 정국운영의 안정감을 보여야 한다. 그러나 노무현 정부는 초기부터 불안해 보였다. 이유는 참여정부 주도 세력들의 국정 경험의 미숙함에 있었다.

노무현 대통령의 첫 조각(組閣)은 한마디로 파격이었다. 개혁적인 새로운 인물을 중용했을 뿐만 아니라, 네 명의 여성을 장관으로 발탁했고, 지방 출신 인사들이 많이 눈에 띄었기 때문이다. 조각과 관련해 당시 고건 총리는 김두관 장관과 강금실 장관의 인사제청에 대해 이의를 제기했다고 한다. 두 사람의 임명은 경력과 성향의 관점에서 볼 때 매우 파격적이었기 때문이다. 그리하여 보수언론과 한나라당은 노무현 대통령의 첫 조각을 두고 파격 인사, 코드 인사, 아마추어 인사라고 비판했다.

참여정부에 참여했던 인물들의 자체 평가에 따르면, 인사는 개혁성, 탈주류, 문제 해결 능력의 원칙을 가졌다고 한다(한국미래발전연구원, 2011). 개혁성이 첫째고 주류를 벗어나는 것이 두 번째 원칙이라는 것이다. 개혁성을 쫓다 보니 민주화운동권 출신의 인물들이 대거 등용되었고, 탈주류를 중시하면서 지방의 인물들이 많이 등용되었다. 노무현 대통령이 집권하자마자 보여준 이러한 파격인사는 진보층 사이에서는 참신하고 개혁적으로 보였지만, 보수 성향의 국민 눈에는 불안해 보였다. 무엇보다 국정의 경험이 없는 그들의 능력이 의심스러웠기 때문이다. 참여정부 첫 내각의 국정운영 능력을 평가할 수 있는 대표적인 시험대는 화물연대 파업과 NEIS(국가교육정부시스템)

도입이었다. 그러나 이 두 가지 사태에서 노무현 정부는 미숙한 대응과 시행착오를 거듭했다. 노무현 대통령을 지지했던 50대 남성이 FGD(포커스 그룹 토론)에서 언급한 다음의 발언은 일반인들이 당시 대통령의 인사를 어떻게 바라보고 있었는지를 잘 보여주고 있다.

노무현 대통령이 출마했을 때는 굉장히 지지를 많이 했어요. 정말로 이제 우리나라 정치가 기존 틀하고는 많이 바뀔 수 있다고 생각했어요. 옛날에 청문회 때 보여준 모습도 있어서 노무현 후보가 대통령이 되면 괜찮을 수 있다 해서, 저는 그때 출장으로 해외에 있었거든요. 투표를 못하고 집에 부모님한테도 전화해서 가능하면 꼭 이번에는 투표를 그쪽으로 해 달라고 했고, 그래서 됐을 때는 굉장히 기뻤어요. 그런데 중간으로 가면서 제일 실망스러웠던 부분은 노무현 대통령이 사람은 참 좋은데 주변의 사람들이 생각보다 더 문제가 많구나 하는 것이었어요. 그 사람을 보좌할 사람들이 역량이 안 되고 어떻게 보면 옛날에 토론회 수준에서 하던 사람들이 정권을 잡으니까 테크노크라트와 같은 다른 사람들이 배치되어 균형을 잡아야 하는데…… 흔히 말하는 기존에 있던 경제 관료들은 수구세력으로 배척을 당하고, 할 수 없이 쓰기는 하지만 실권은 몇몇 실세들이 많이 잡아 재임기간에는 오히려 저도 비판적으로 많이 돌아섰어요. 경제도 별로 살린 것 같지도 않고.

순수한 이념만 갖고 정치하기에는 너무 주변에 받쳐주는 사람

도 없고 용인술도 별로 없었다고 생각하는데…….[3]

화물연대 파업

2003년 5월 2일 화물연대의 파업에 의한 소위 물류대란이 시작

되었다. 이 소동은 2주일이라는 짧은 기간에 정부와 화물연대의 합

의로 마무리 되었지만 파업기간 동안 보여준 정부의 대응에서 나타

난 시행착오와 비일관성은 참여정부의 첫 번째 실패라고 기록될 만

했다.

화물연대를 조직한 화물노동자 또는 화물운송차주들은 IMF 이후

갈수록 악화되어 가는 생존권을 정부로부터 보장받기 위해 지입차주

제 폐지, 다단계 알선 폐지, 도로비 인하, 보조금 인상 등을 내걸고

파업에 돌입했다. 파업에 대해 건설교통부는 처음 '대화와 타협에

의한 평화적 해결'을 표방하다가 '불법파업에 대한 엄정 대처'로 바

꾸고 다시 선정상화 후협상으로 입장을 바꾸다가 결국에는 '전제조

건 없는 대화 개시'로 화물연대의 11대 조건을 대폭 수용해 타결하

게 되었다.

여기서 나타난 참여정부의 문제점은 두 가지였다. 첫 번째 문제는

---

3 서강대 현대정치연구소, 2014년 12월 15일, 사회 · 정치이슈 관련 포커스 그룹 좌담회에서.

정부부처의 안이하고 무책임한 대응이었다. 집단행동을 위한 화물연대가 조직화될 때, 노동부, 건설교통부, 산업자원부, 재정경제부의 담당관들은 화물연대 지도부들과 함께 간담회에 참석했다. 그러나 어느 부처도 파업사태에 대비하지 않았고 화물연대의 파업을 군 수송부대와 비조합원의 대체 투입으로 해결할 수 있다고 생각했다.

두 번째 문제는 정부의 비일관적인 대처였다. 파업이 시작되었을 때, 노동부 장관을 비롯해 다수의 국무위원들은 '지속적인 대화와 제도 개선'을 강조하면서 화물연대의 요구사항을 적극 수용하는 입장을 견지했다. 그러다가 여론이 파업에 대해 부정적인 입장을 보이자 불법파업에 대한 강경 대처를 내세웠고, 또한 물류대란이 우려했던 것처럼 현실화되자 마지못해 그들의 요구를 수용했다. 화물연대 파업에 대처하는 정부의 무능력과 비일관성으로 인해 노 대통령은 보수 성향의 유권자로부터 얻었던 지지를 잃게 되었다.

교육행정정보시스템(NEIS) 사태

교육행정정보시스템(NEIS: National Education Information System)은 김대중 정부 당시 전자정부 구현의 일환으로 고안된 정책으로서, 학교와 지역교육청, 시도교육청, 교육과학기술부(현 교육부)를 인터넷으로 연결해 전체 교육행정업무를 온라인으로 연계 처리할 수 있도록 구축된 정보시스템이다. 이전에는 학교 단위로 관리되던 학생생

활기록부, 건강기록부 등 학사기록이 인터넷으로 통합 관리되기 때문에 전교조 및 진보적인 시민단체들은 정보 독점과 개인정보 침해의 우려가 있다고 하며 NEIS 도입에 반대했다. 당시 교육부총리는 이러한 반대에 부딪혀, 그 실시를 제한하겠다고 발표했다.

전국의 교육감들이 교육부총리의 이러한 태도 변화에 노골적인 반대를 하고 나섰고, 이에 전국의 교장단과 한국교원단체총연합, 그리고 일부 보수적인 학부모단체가 가세하고 나섰다. 사태의 심각성을 인식한 교육부총리가 다시 전교조와의 합의를 거부하는 발언을 하자 이번에는 전교조와 민주노총을 포함한 전국 1089개의 시민단체들이 들고 일어났다. 서울대와 연세대, 서강대 등 10여 개 대학이 정시모집부터 학생부 자료를 NEIS로만 받겠다고 선언하자 전교조는 NEIS 입력 업무를 거부하겠다며 연가 투쟁을 벌였다.

원래 NEIS 사태는 시스템의 도입 자체에 논란이 있었던 것은 아니었다. 지난 정부에서 준비해왔던 시스템을 때가 되어 도입하는 것뿐이었다. 그러나 진보정권의 출범으로 힘을 얻은 전교조 등 진보진영의 단체들이 이를 막고 나선 것이며, 보수적인 교육계 또한 차제에 참여정부의 길들이기에 나선 것이다. 문제는 정부였다. 교육부총리는 진보와 보수진영 사이에서 우왕좌왕했다. 정부가 특정 이해당사자의 반발을 설득하지 못하고 보혁투쟁으로 이끌려가는 모습을 보고 국민들은 정부의 국정운영 능력을 의심하지 않을 수 없게 된 것이다.

노무현의 탈호남 전략

노무현 대통령은 집권 초기, 김대중 정권의 동교동계 실세들과 거리를 두었다. '굿모닝게이트'라고 불렸던 불법정치자금 수수사건의 수사로 정대철·권노갑 등 김대중 정권의 실세들이 곤경에 빠졌다. 이 과정에서 민주당 구주류와 참여정부 권력 실세 사이의 갈등은 증폭되었고 대선자금수사로까지 번져나갔다. 선거자금과 관련해 장수천 사건이 터지고 노 대통령의 측근인 최도술·안희정이 구속되기에 이르렀다. 여당에 초점이 두어졌던 대선자금 수사는 야당으로도 불똥이 튀어 한나라당은 '차떼기 당'이라는 오명까지 쓰게 되었다.

그러면 왜 노무현 대통령은 호남을 대표하는 구주류 세력과 권력을 나누지 않았는가? 첫째는 논공행상의 이유다. 민주당의 구주류는 노 대통령의 집권에 공헌한 바가 별로 없었다. 대통령 경선 당시 김대중의 동교동계 인사들은 대체로 이인제 후보를 지지했고, 경선이 끝난 이후에도 정몽준과의 후보단일화를 명분으로 노무현 후보를 계속 흔들어댔다. 노무현 대통령과 그 측근들에게 민주당의 구주류는 집권을 돕기는커녕 방해한 집단이었다.

두 번째로는 이념적인 이유다. 1980년대 민주화운동 당시 주류 재야세력은 독자적으로 정치세력화하기에 역부족이어서 기존 야당의 김영삼 · 김대중과의 연대를 도모했다. 이들은 야당 내에 다른 정치인들과 차별화를 추구했으며, 진보적이지도 않으면서 호남 지역주의에 기대어 김대중을 추종해온 정치인들에 대해 비판적이었다. 재야운동권 출신 노무현의 집권은 진보세력의 집권이며, 이제 참여정부는 김대중의 동교동계 그늘로부터 벗어나 독자적인 행보를 해야 한다는 사고가 지배적이었다.

세 번째는 지역적인 이유다. 노무현 대통령의 정치 역정은 본인의 회고에 의하면 지역주의와의 싸움이었으며 그렇기 때문에 부산에서 비한나라당 후보로 계속 출마했었다. 비록 호남인의 열렬한 지지로 대통령에 당선되었지만 노 대통령은 민주당이 호남 의존에서 탈피해 전국정당화 해야 한다는 강한 바람을 가지고 있었다. 그러나 민주당이 전국정당으로 되기 위해서는 영남으로부터의 지지를 확보할 수 있어야 했고, 영남으로부터 지지를 얻기 위해서는 호남과 거리를 두어야 했다. 민주당이 영남의 진보층뿐만 아니라 중도보수층으로부터도 지지를 받기 위해서는 '김대중당' 혹은 '호남 정당'이라는 인식에서 탈피해야만 했던 것이다. 앞의 〈표 2-2〉에서 알 수 있는 것처럼, 집권 초기 노무현의 탈호남 전략은 어느 정도 성공적이었다. 대선에서 노무현의 지지는 대구 · 경북에서 28.6%였으나 2003년 5월 30일 조사에서는 47.3%로 증가했고, 같은 기간 부산 · 경남에서는 33.2%에서 47.5%로 증가했다.

민주당 분당과 열린우리당 창당

불법정치자금 수수사건으로 민주당의 구주류와 신주류 간에 갈등의 골이 깊어지는 가운데 돌연 2003년 4월 28일, 민주당 신주류 인사 22인은 신당 창당을 선언했다. 이후 당 개혁과 신당 창당의 논의가 급속히 진행되었다. 민주당 분당에 대해 노 대통령이 얼마나 개입했는지는 아직까지도 논란이 많다. 민주당의 분당은 당이 주도한 것이지 당시 청와대는 관여하지 않았다는 주장도 있다. 그러나 당 인사들이 집권 여당의 분당과 신당 창당이라는 위험스러운 일대 결단을 대통령과 상의하지 않고 진행했을 리 없으며 분당에 대한 당시 의견이야 어찌되었건 대통령이 그 책임으로부터 자유로울 수 없었다.

외형상 민주당의 분당은 참여정부 탄생과 함께 새롭게 주류가 된 정치인들에 의해 주도되었다. 이들 신주류에는 몇 가지 흐름이 있었다. 가장 주도적으로 움직였던 그룹은 천신정(천정배·신기남·정동영)으로 대표되는 호남지역의 신주류 정치인들이었다. 이들에게는 민주당의 구주류로부터 호남 맹주의 권력을 뺏어 와야 한다는 강한 동기가 작용하고 있었다. 두 번째로는 노무현 대통령과 가까웠던 영남의 운동권 출신 정치인들이었다. 이들은 민주화 이후 한나라당에 눌려 한 번도 의원직을 가져보지 못했고, 김대중과 선을 긋고 호남과 거리를 두어야 영남지역에서 지지를 확대할 수 있기 때문에 탈호남 정당 건설에 적극적이었다. 여기에 유시민, 문성근, 명계남 등 당 밖의 참여정부 집권 공신들이 가세했다.

추미애 의원을 비롯한 구주류 내 개혁적 인물들은 민주당 내에서 김옥두, 박상천 등 올드보이들의 권력을 약화시켜 점진적 개혁을 추진하자는 입장이었다. 1980년대 민주화운동을 대표해서 민주당에 들어왔던 김근태 의원과 386 정치인들도 이와 비슷한 입장이었다. 그러나 이들은 적극적으로 나서지 않았다. 신주류들 사이에 모아진 안은 '선개혁 후통합'이었다. 당 밖에 신당을 만들고 이후 민주당과 일대일 통합을 하자는 이 안을 구주류는 거부했다. 이러한 상황에서 2003년 7월 7일, 한나라당에서 5명의 의원(이부영, 김부겸, 안영근, 이우재, 김영춘)이 탈당해 신당 창당에 합류 의사를 내비쳤다. '독수리 오형제'라고 불렸던 이들은 운동권 출신 정치인으로서 한나라당 내부의 개혁 그룹으로 불렸다. 이들의 탈당으로 신당 창당의 속도는 더욱 빨라졌다.

이런 가운데 2003년 9월 4일, 당무회의 폭력사건이 발생했다. 신당 창당과 관련한 전당대회 안건을 둘러싸고 신주류와 구주류 사이의 갈등이 폭력사태로까지 치달았던 것이다. '선개혁 후통합'이라는 신주류 안은 더 이상 의미가 없게 되었고, 김원기, 이해찬, 장영달, 신기남 등이 모여 신당 주비위를 구성했다. 민주당 탈당 의원 36명과 한나라당 탈당 의원 5명 그리고 개혁당 의원 2명을 주축으로 2003년 11월 11일, 열린우리당이 창당되었다.

노무현 대통령은 민주당의 분열과 관련해 신당 창당 이전까지 어떠한 직접적 언급도 하지 않았다. 당 개혁은 당에서 알아 하라는 것이 당시 대통령이 취했던 공식적 태도였다. 분당은 확실히 위험한 도박이었다. 그러나 대통령은 이를 저지하지 않았다. 모험가적 성향이 강한 평소 그의 성품으로 볼 때, 이 정치적 도박에 대한 정서적 공감대는 이미 형성되어 있었다고 봐야 할 것이다.

국민참여통합신당이 출범한 직후인 2003년 9월 17일, 노무현 대통령은 다음과 같이 분당과 관련해 언급했다. "이와 같은 것이 보기에 따라 호남을 기반으로 했던 민주당만 먼저 분열되고 한나라당은 당당하게 저렇게 서 있으면 호남만 분열되고 오히려 고립되는 것 아니냐는 불안을 많은 사람들이 가지겠지만 그러나 저는 그런 과정을 통해서 지역, 말하자면 증오와 분노를 부추기는 방식으로 자기 당의 결속을 유지해왔던 그런 정치 질서의 총체적인 붕괴가 일어나리라고 생각한다."

사상초유의 대통령 탄핵 사태

노무현 대통령에 대한 탄핵은 한나라당에 의해 제기된 것이 아니다. 분당 과정에서 감정적 골이 깊어진 민주당이 추진한 것이었다. 2004년 2월 24일, 방송기자클럽 초청 대통령 기자회견에서 노무현 대통령은 "4월 총선에서 여당인 열린우리당에 대한 국민들의 압도적인 지지를 기대한다"고 발언했다. 이에 중앙선관위는 대통령이 공직

선거 및 선거부정방지법을 위반했다고 판정하고 중립 의무를 준수해줄 것을 요청했으나, 노무현 대통령은 선관위의 결정을 납득할 수 없다며 계속해서 특정 정당을 공개적으로 지원하겠다고 밝혔다. 이에 새천년민주당은 긴급의총을 소집해 노 대통령이 선거법 위반과 측근 비리에 대해 사과하고 재발방지를 약속하지 않으면 탄핵을 발의하겠다고 선언했고, 한나라당과 자유민주연합에게 탄핵안에 협조해줄 것을 요청했다. 대통령은 사과를 거부했고, 한나라당 의원 108명과 새천년민주당 의원 51명이 서명한 대통령 탄핵소추안이 발의되었다.

노무현 대통령은 3월 11일에 특별 기자회견을 열고 사과 요구를 거부했다. 대통령의 형 노건평 씨에게 돈을 건넸다고 수사대상이 되었던 남상국 대우건설 사장이 한강에서 투신자살한 사건 이후, 대통령 탄핵에 반대했던 자유민주연합까지 자유투표로 당론을 선회함으로써 탄핵안 가결이 급진전되었다.[4] 여기서 한 가지 주목해야 할 사실은 당시 노 대통령에 대한 국민의 지지가 30%를 겨우 넘는 수준이었다는 점이다. 탄핵을 주도했던 야당지도층의 속내에는 인도네시아나 필리핀처럼 인기 없는 대통령을 선거법 위반을 빌미로 쫓아내자는 계산도 포함되어 있었다고 한다.

---

4 같은 기자회견에서 노무현 대통령은 남상국 대우건설 사장이 노건평에게 3000만 원을 건넸다는 의혹에 대해 "좋은 학교 나오시고 크게 성공한 분들이 시골에 있는 사람에게 가서 머리 조아리고 돈 주고 하는 일이 없었으면 좋겠다"고 언급했다. 이 기자회견 이후 남상국은 서울 한남대교 밑에서 투신자살했고, 여론은 대통령에게 급격히 안 좋게 돌아갔다.

3월 12일, 국회의장의 경호권이 발동되고 열린우리당 의원들이 격렬하게 항의하는 가운데 탄핵소추안에 대한 투표가 이루어졌고, 찬성 193명과 반대 2명의 투표로 가결된 후 노무현 대통령은 직무가 정지되었고 고건 총리가 대통령의 권한을 대행하게 되었다. 이는 대한민국 최초로 이루어진 대통령 탄핵소추안 가결이었다.

정부 출범에서 탄핵에 이르기까지 노 대통령의 지지율 하락에 영향을 미친 요인들을 살펴볼 때 지지율 하락은 노 대통령의 국정운영 실패에서 기인했다기보다 대부분 피할 수 없는 환경적 요인의 결과였다. 먼저 호남의 지지 하락을 가져온 대북송금특검의 수용은 야당과 여론에 떠밀려 어쩔 수 없이 선택한 고육책이라고 볼 수 있다. 젊은 층의 지지를 떨어뜨린 이라크 파병 결정 또한 기존의 한미동맹 틀을 유지하려는 정부의 현실적인 결정이었다. 민주당 구주류와의 권력과 이념을 둘러싼 갈등 또한 대통령 후보 경선에서부터 지속되어 온 것이지 당선 후 시작된 것이 아니다. 비호남의 나이 많은 사람들의 지지를 받지 못한 요인으로 지적된 참여정부 주요 인사들의 진보 성향과 국정운영 능력의 미숙 등은 재야운동권 출신이라는 그들의 배경에서 나온 필연적인 약점이었다. 노 대통령은 집권을 위해서 충분히 준비되어 있지도 않았을 뿐 아니라 자신의 계획을 실천에 옮길 만한 안정된 권력 기반도 없었다. 이러한 요인으로 인해 노무현 대통령 집권 1년차의 지지율 하락은 컸지만 회복 불가능한 것 또한 아니었다.

03

기회

2004년 4월~2005년 4월

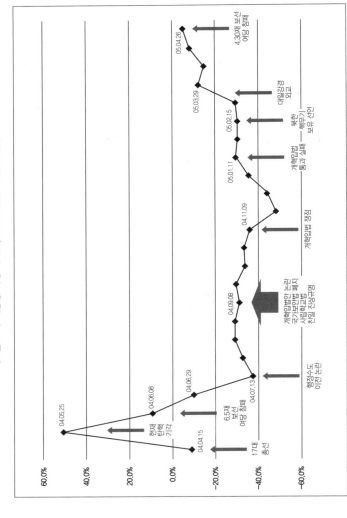

〈그림 3-1〉 대통령 국정 지지도(2004년 4월∼2005년 4월)

주: 수치는 국정운영평가 잘함에서 잘못함을 뺀 값(%p).

출처: KSOI

여기서는 2004년 17대 총선 이후부터 2005년 4월 재보궐선거까지의 기간을 다룬다. 이 시기에 노무현 대통령은 총선 승리와 탄핵 기각으로 안정적 통치의 기반을 마련했으나, 개혁입법의 무리한 추진으로 여론의 지지를 잃어버리게 되었다. 이 시기는 노무현 대통령의 실패를 규정짓는 가장 결정적인 시기였다.

2004년 4월 총선에서 열린우리당은 국회의석 과반을 획득하게 되었고, 곧이어 헌법재판소에서 대통령 탄핵소추안이 기각되었다. 그 결과 노무현 대통령은 입법부와 행정부를 아우르는 권력의 기반을 얻게 됨으로써 탄핵 이전보다 더 안정적인 국정운영의 동력을 확보할 수 있었다. KSOI의 조사에 따르면 2014년 5월 10일자 조사에서 대통령 직무평가는 잘함이 잘못함보다 무려 50.7%p 더 높게 나왔다. 차이가 많이 줄어들기는 했지만 같은 달 5월 25일 조사에서도 잘함이 잘못함보다 9.4%p 더 많았다.

그러나 총선 이후 정부와 여당은 국가보안법 폐지, 과거사법 제정, 사학법 개정, 언론관계법 개정 등 소위 4대 개혁입법을 추진하면서 보수진영의 전반적인 반발과 소모적인 이념투쟁을 불러일으켰다. 당시 다수의 국민들은 민생과 경기 회복에 관심을 가지고 있었다. 그러나 정부와 여당은 국민의 삶과 직접 연관되지 않는 개혁입법에 올인함으로써 국민들의 대통령 지지는 또 다시 급락하게 되었다. 〈그림 3-1〉에서 볼 수 있듯이, 4대 개혁입법이 한창 논란 중이던 7월부터 11월까지 직무평가는 잘못함이 잘함보다 평균 44.8%p 더 많았다. 정부의 대일강경 외교로 인해 2005년 3월부터 대통령 지지도는 일시적으로 상승했으나 4월 30일에 실시되었던 재보선 이후 대통령 지지율은 다시 하락했다. 이 선거에서 17대 총선에서 만들어졌던 열린우리당 과반의석이 붕괴되었고, 대통령은 여대야소의 유리한 기회를 놓치게 되었다.

탄핵 역풍과 17대 총선의 결과가 **의미했던 것**

국회의 대통령 탄핵소추안 통과 이후, 탄핵의 타당성에 대한 논쟁이 전국적으로 일어났다. 〈중앙일보〉와 〈동아일보〉 같은 보수언론도 사설에서 선거법 위반이 대통령을 탄핵시킬 만한 사안은 아니라고

주장했으며, 당시 국민들의 여론도 탄핵소추안에 반대하는 의견이
찬성하는 의견보다 훨씬 많았다. KBS와 MBC 등 방송사들은 탄핵
투표 당시 국회의 혼란과 열린우리당 의원들의 분노하는 모습을 여
러 차례 방영했다. 탄핵에 반대하는 시민들이 전국 곳곳의 주요 도심
에서 시위에 참여했고, 광화문 일대에서는 촛불집회가 연일 열렸다.

탄핵 역풍의 와중에 실시된 4월 총선의 결과는 152석으로 국회의
석의 과반을 얻은 열린우리당의 승리였다. 한나라당은 121석을 얻어
선전했고, 민주노동당도 지역구 2석을 포함해 10석을 획득하며 약진
했다. 그러나 탄핵 이전 열린우리당과 비슷한 지지율을 보였던 새천
년민주당은 몰락했다. 전라남도에서 5석, 비례대표 4석을 얻어 원내
9석에 그쳤기 때문이다. 자유민주연합 또한 충청북도에서 열린우리
당에 모든 의석을 내주고 충청남도에서만 4석을 얻는 데 그쳤다.

17대 총선의 결과, 노무현은 민주화 이후 최초로 국회의원 선거에

〈표 3-1〉 제17대 국회의원선거 결과

정당	지역구 득표율(%)	비례 득표율(%)	지역구 의석수	비례 의석수
한나라당	37.9	35.8	100	21
새천년민주당	8.0	7.1	5	4
열린우리당	42.0	38.3	129	23
자유민주연합	2.7	2.8	4	0
민주노동당	4.6	13.0	2	8

출처: 중앙선거관리위원회

서 대통령이 속한 집권당이 과반수 의석을 획득한 대통령이 되었다. 이로써 그에게 안정적인 통치를 위한 두 번째 기회가 주어졌다. 첫 번째 기회는 높은 대중적 지지에 힘입어 진보진영의 대통령 후보로는 드물게 독자적인 힘으로 당선된 것이었다면, 두 번째 기회는 총선의 결과 나타난 여대야소의 국면이었다. 노무현 대통령의 행운을 빗대어 '잠을 깨 보니 대통령이 되었고, 또 잠을 깨 보니 과반을 얻었다'는 말이 나돌 정도였다. 노 대통령으로서는 국정 주도력을 회복해 안정적으로 통치를 해볼 수 있는 절호의 기회가 온 것이다. 대통령직에 복귀한 5월 시점에, 노무현 대통령의 지지도는 50%를 상회했다.

그러나 탄핵 반대의 여론으로 인한 열린우리당의 승리가 곧 노무현 대통령의 국정에 대한 지지를 의미하는 것은 아니었다. 국민들의 생각은 대통령이 선거를 앞두고 여당 지지를 호소했다고 대통령을 탄핵까지 하는 것은 지나치다는 것이었다. 당시 KBS-미디어리서치의 조사에 의하면, 국민의 65.2%가 탄핵에 반대했지만, 노무현 대통령이 사과해야 한다는 의견 또한 60.6%로 높았다. 민심이 대통령 탄핵이라는 극약처방에는 반대했지만, 노무현 대통령의 언행에 대해 결코 동조하고 있지 않았음을 알 수 있다.

총선의 승리가 대통령에 대한 지지로 연결되지 않는다는 것은 바로 이어 실시된 6월 지방선거 재보선에서 열린우리당이 참패한 사실에서도 알 수 있었다. 4곳의 광역단체장 선거와 19곳의 기초단체장 선거, 그리고 11곳의 광역·기초의원 선거가 있었던 6·5 재보선의 선거 결과는 한나라당의 압승이었고 열린우리당의 참패였다. 열린우리당은 광역단체장 선거의 어느 한 곳에서도 이기지 못했고, 기초단체장에서도 충청권 3곳에서만 승리했다. 한나라당은 광역단체장 3곳과 기초단체장 13곳에서 승리했다. 열린우리당의 완패라는 선거 결과는 대통령의 복권 이후 열린우리당과 노무현 대통령이 보여준 실망스러운 행태에 대한 민의의 심판이었다. 영남 출신 총리임명 구상, 차기주자들의 내각임명 논란, 경제를 외면한 개혁지상주의, 여기에 복권 이후에도 변함없는 대통령의 오만함과 가벼운 언행 또한 돌아왔던 민심을 다시 떠나가게 했다.

개혁에 올인한 **정부 여당**

청와대와 열린우리당은 여대야소의 조건을 기회로 삼아 광범위한 개혁입법을 추진했다. 국가보안법 폐지, 과거사 청산, 사립학교법 개정, 언론개혁 등이 그것이었다. 이러한 의제들은 우리 사회가 풀어야 할 개혁 과제였지만, 열린우리당은 이들을 동시에 추진함으로써 한나라당을 포함한 보수세력의 전면적인 반발에 직면하게 되었고, 정국은 이념적 대치상황에 놓이게 되었다. 사실 국가보안법 폐지를 제외하고 나머지 의제들에 대한 국민들의 태도는 의제설정 초기에 그리 부정적이지 않았다. 그러나 보수단체, 사학·종교단체, 보수언론이 강력히 반발하는 가운데 여야의 대치 정국이 길어지면서 국민들 사이에 '개혁 피로감'이 확산되었다. 결과적으로 정부와 여당이 연내에 마무리하려고 했던 이들 개혁입법안들은 국회를 통과하지 못하고, 개별적으로 처리해야 할 사안으로 남겨졌다.

과거사 청산

제일 먼저 과거사 청산 문제부터 제기되었다. 과거사 청산은 일제강점기의 친일반민족 행위와 권위주의시기에 벌어졌던 국가권력에 의한 인권유린 행위의 진상을 규명해, 피해자의 상처를 치유하고 국민적 화해를 이룬다는 취지를 가지고 있었다. 이면에는 일제강점기와 군사독재시기 동안 권력과 결탁해 부와 명예를 누려온 보수세력의 치부를 드러내 이들을 약화시키겠다는 의도가 있었음은 물론이다.

참여정부 출범 이후 과거사 정리를 요구하는 다양한 요구가 분출하면서 2003년 11월 국회에 과거사진상규명특위가 구성돼 친일반민족 행위 등 진상규명 논의가 시작됐다. 이 중 가장 쟁점이 된 것은 「친일진상규명법」이었다. 당시 다수 의석을 차지하고 있던 한나라당은 애초에 법안 상정을 반대했으나 곧 논의에 참여해 조사 범위를 축소시킨 특별법을 2004년 3월 국회에서 통과시켰다. 이에 열린우리당과 시민단체 등은 이 특별법이 제대로 된 진상규명을 할 수 없을 정도로 한계가 많은 법이라고 비판하면서 법 개정운동을 벌였다.

이후 노무현 대통령은 같은 해 8·15 경축사에서 친일반민족 행위에 대한 진상조사뿐만 아니라 권위주의시기 국가폭력에 대한 진상도 규명하는 포괄적 과거사 정리를 제안했다. 이에 한나라당은 과거사 진상조사에 '친북·용공 활동도 포함할 것'을 제기하고, 북한·좌익세력의 테러도 포함해 현대사를 학술적으로 규명하는「현대사 기본법」을 제안했다. 한나라당과 보수언론은 노무현 대통령이 제시한 과거사 청산에 대해 '민생을 외면하고 이념 대립과 분열을 조장하는 과거 회귀'이며, '이념 편향의 역사관으로 야권을 공략하는 정치적 도구'라고 비난했다.

노무현 대통령의 발언 이후, 여야 3당은 2004년 9~10월에 과거사 정리에 관한 법안을 발의했으나, 4대 개혁법안에 포함되어 다른 개혁법안들과 함께 연내 처리가 무산되었다. 그러나 2005년 5월 국회는「진실·화해를 위한 과거사정리 기본법」을 통과시켰고, 이 법에 따라 국회 밖에 독립적인 조사기구로서 '진실·화해를 위한 과거사 정리위원회'를 구성해 활동에 들어갔다.

국가보안법 폐지

참여정부가 들어서자 인권단체를 비롯한 진보적 성향의 시민단체의 주도로 국가보안법 개정 및 폐지를 지지하는 여론이 활발하게 형성되었으며, 2004년 8월에는 국가인권위원회가 국가보안법 폐지를 공식적으로 권고했다. 이에 따라 열린우리당 내부에서 국보법 개정과 폐지의 두 대안을 두고 활발한 토론이 전개되었다. 이 와중에 노무현 대통령이 9월 MBC 방송국에 출연해 국가보안법을 '칼집에 넣어 박물관에 보내야 할 독재시대의 낡은 유물'로 규정했다. '국가보안법은 국가를 위태롭게 한 사람들을 처벌한 것이 아니라 정권에 반대하는 사람들을 처벌하는 데 쓰여 왔고, 그 과정에서 인권 탄압과 비인도적 행위들이 저질러졌으니 폐지해야 한다'는 것이었다. 이와 더불어 노 대통령을 비롯한 많은 진보진영 사람들은 남한에서의 국가보안법의 존재는 김대중 정부 이후 확대되고 있는 남북 간의 신뢰와 상호교류에 가장 큰 걸림돌 중 하나라고 인식했다.

대통령이 국가보안법 폐지를 주장하고 나오자, 열린우리당에서는 그때까지만 해도 분분하게 존재했던 다양한 의견들이 국보법 폐지로 모아졌다. 열린우리당은 국가보안법 폐지와 형법 수정안을 야당인 한나라당과의 조율 없이 10월 국회에 제출했다. 국가보안법의 폐지 사안은 분단 이후 우리 사회에 광범위하게 뿌리내려 있는 반공의식에 대한 설득이 반드시 필요했는데, 대통령의 섣부른 개입으로 열린우리당은 운신의 폭이 크게 좁아지게 되었다. 야당인 한나라당은 강력하게 반대했고, 결국 열린우리당은 각종 민생법안과 로스쿨법의 연내 처리를 이유로 국가보안법 폐지를 유보하게 되었다. 이러한 결정의 속내에는 국민들 사이에 폐지에 대해 반대 여론이 높다는 인식이 있었고, 민주화 이후 개정된 현행 국보법이 정치 탄압과 인권 탄압에 기능할 소지가 적다는 현실적인 판단이 있었다.

사립학교법 개정

사립학교법 개정은 '4대 개혁입법' 중에서도 이해집단의 가장 강한 반발을 불러일으킨 사안이었다. 사립학교법 개정의 명분은 그동안 우리사회에 만연했던 족벌경영에 의한 사학비리를 근절하자는 것이었으며 이를 위해서 학교 운영에 교수, 교사, 학생과 학부모 등의 참여를 확대하는 것이었다. 열린우리당의 개정안에는 학교법인 이사와 감사 중 일부를 교수회, 교사회, 학부모회 등이 참여하는 사학 구성원 단체가 선임하는 개방형 이사제가 도입되었고, 학교법인 임원의 친인척 비율을 축소하는 방안이 제안되었다. 사립학교법인들이 거세게 반발하는 가운데 열린우리당은 사학법 개정의 연내 처리를 포기하고 사안을 다음 회기로 미루었다. 2005년에 여야는 사립학교법 개정에 관한 협상에 들어갔으나 합의안 도출에 실패했고, 12월 9일, 정부 여당의 개정안이 직권상정되어 민주노동당의 동조를 받아 표결 처리되었다.

사립학교법이 개정된 후, 사학법인들의 저항은 더욱 거세졌고, 특히 종교사학의 반발은 걷잡을 수 없었다. 이에 노무현 대통령은 이들을 무마하기 위해 종교지도자들을 만나 사학의 건학이념과 자율적 운영을 보장하도록 그들의 요구를 정부의 시행령에 반영하겠다고 약속했다. 이에 한나라당은 시행령이 법률의 취지에 반할 바에는 법을 다시 개정해야 한다며 사학법의 재개정을 요구했다. 박근혜 대표는 종교계 지도자들을 만나고 거리집회에 나서 사학법 개정안 통과를 규탄했으며 그 내용은 대단히 도발적이었다. 개정 사학법의 '개방 이사제는 전교조에 학교운영을 넘기는 것이며, 반미·친북 교육을 방조하는 것'이라는 논리였다.

개정 사학법 반대운동에 기독교단체들이 적극 참여하면서 재개정에 대한 요구는 목사들의 설교를 통해 지역 여론에 확산되었으며, 이에 따라 여당 국회의원들은 자신들의 재선에 실질적인 위협을 느끼게 되었다. 그리하여 2007년 6월, 열린우리당은 국민연금 개정안을 한나라당이 수용하는 대가로 학교운영위의 개방이사 추천권을 절반으로 줄이는 사립학교법 재개정안을 받아들여 통과했다. 이는 2006년 지방선거 이후 노무현 대통령의 정책 주도력이 이미 상실된 이후의 일이었다.

언론관계법 개정

노무현 대통령은 집권 기간 내내 조선일보, 중앙일보, 동아일보 등 언론사와 사이가 좋지 않았다. 집권하자마자 권언유착을 막는다는 이유로 정부기관에 가판신문⁵을 보지 말 것을 지시하면서 언론사와의 관계가 멀어지기 시작했다. 정치인 시절에 조선일보 불매운동

---

5 가판신문이란 가정에 배달되기 전날 저녁 주로 서울 시내 가두판매용으로 발행되었던 초판 신문을 일컫는 말이다. 이름은 가판(街販)신문이었지만 거리에서 파는 신문의 의미보다는 임시로 찍어내는 신문의 성격이 강했다. 가판신문을 통해 신문사들은 다음날 배달 신문에 앞서 경쟁 신문사의 신문과 비교해 기사를 거르고 채웠으며, 정부나 기업체는 좋지 않은 뉴스를 배달판 전에 발견하고 로비를 통해 삭제시키거나 축소시켰다. 이 과정에서 정부와 언론, 기업과 언론의 유착이 이루어졌다.

을 지지해왔던 노무현 대통령은 언론 개혁에 대한 강한 의지를 가지고 있었다. 17대 총선을 통해 원내에 진출한 민주노동당의 권영길 대표로부터 시작된 언론관계법 개정 논의가 '언론인권센터'와 '민주언론운동시민연합' 등 시민단체에 의해 구체화됨에 따라 열린우리당의 소속의원들은 적극적인 입법 의사를 가지고 당-청 간의 논의를 진행했다. 논의의 골자는 여론 독과점 규제를 위한 정기간행물법 개정과 신문시장 정상화를 위한 제도개선이었고, 방송의 공영성 강화와 시청자 참여 확대를 위한 방송법 개정이었다.

그러나 언론관계법의 개정은 열린우리당이 개혁안을 한나라당에 많이 양보함으로써 보수진영뿐만 아니라 진보진영으로부터도 반발을 사는 형세가 되었다. 여야 합의를 거치면서 신문법은 시민단체들로부터 언론개혁과 거리가 멀어졌다는 평가를 받았다. 비판의 내용은 시장 지배적 사업자에 대한 공정거래법상 규제를 도입하는 데 있어 '조중동'의 독과점을 막겠다는 애초의 취지를 충분히 살리지 못했다는 것이었다. 당초 열린우리당은 1개 일간지의 시장점유율이 30% 이상이거나 3개 일간지의 점유율이 60%를 초과할 시 규제를 가한다는 입장이었지만, 한나라당의 강한 반발로 대상을 전국의 130여 개 일간지로 확대함으로써 누더기가 되어버렸다는 평가를 받았다.

언론관계법 개정으로 노무현 대통령과 언론과의 관계는 더욱 멀어지게 되었고, 언론의 참여정부 국정에 대한 비우호적 논조는 더욱 강화되어, 노무현 대통령에 대한 부정적 여론을 형성하게 되었다. 한편 노 대통령은 언론관계법이 실효성 없게 마무리되자 정권 말기에 청와대를 비롯한 주요 기관의 기자실을 폐지시켰고, 이로 인해 보수언론뿐만 아니라 대부분의 언론으로부터 외면당하게 되었다.

〈표 3-2〉 지역별 · 연령별 개혁입법 찬성 여론(%)

		과거사정리법 (04' 10)	국보법 개 · 폐 (04' 10)	사학법 개정 (04' 11)	신문법 개정 (04' 11)
지역	서울	61.6	29.4	63.8	50.0
	인천/경기	66.5	35.4	61.4	53.9
	대전/충청	70.3	32.8	60.1	51.9
	광주/전라	75.3	45.1	60.2	56.5
	대구/경북	56.5	40.5	58.5	47.1
	부산/경남	65.9	30.9	62.1	56.5
연령	20대	84.1	45.4	71.3	68.8
	30대	72.6	44.1	69.9	62.1
	40대	57.0	26.8	58.4	44.8
	50대 이상	51.4	21.3	46.8	38.6
전체		65.9	32.4	61.1	53.2

극심한 여야 대립과 **민심의 이반**

개혁입법을 둘러싸고 여야 간의 대화와 타협은 찾아볼 수 없었다. 상호 간의 비방과 발목잡기가 계속되는 가운데 무려 4개월간 국회가

<표 3-3> 노무현 대통령 국정운영 지지도(2004년 4월~2004년12월, %)

2004년	4	5	6	7	8	9	10	11	12
R&R	41.5	41.5	48.9	34.2	35.1	37.4	31.7	27.6	29
KSOI	35.7	50.1	39.0	29.0	29.5	26.7	28.5	21.8	26.2

출처: KSOI, R&R

정회되었으며, 민생법안은 개혁입법의 볼모가 된 채 계류 중이었다. 국회 밖에서는 보수와 진보의 극한 대립이 지속되는 정치적인 분열과 불안정 속에 국민들은 '개혁 피로감'을 크게 느낄 수밖에 없었다.

정부와 여당이 4대 개혁입법을 추진하고 연내 입법화가 실패했던 시점까지, 즉 2004년 7월부터 같은 해 12월까지 대통령의 직무평가는 다시 하락했다. 〈표 3-3〉에서 알 수 있듯이, R&R의 조사에 의하면 10월까지 대통령 직무평가는 30%대 중후반을 기록했고, KSOI의 조사에서는 20% 후반으로 나타났다. 그러나 11월부터는 R&R 조사에서도 20%대로 하락했고, KSOI의 11월 조사에서는 21.8%로 최저치를 기록했다. 열린우리당이 10월 18일, 4대 개혁입법의 내용을 당론으로 확정함으로써 여야 대치가 절정에 달해 대통령에 대한 지지도가 다시 하락하게 된다.

4대 개혁입법의 개별 사안에 대해서 국가보안법 개폐를 제외하고 찬성 여론이 높았음에도 불구하고 대통령의 지지도가 개혁입법 시기에 낮아진 이유는 무엇일까? 국민들이 바라는 정부와 여당의 우선 해결 과제가 개혁이 아니었기 때문이다. 〈그림 3-2〉에서 볼 수 있듯이 2003년 5월 노무현 대통령 취임 3개월 시점의 조사에 의하면, 국민들은 국정운영 최우선 과제로 경제 민생문제를 꼽았다. 정치 개혁과 부패 척결은 19.5%에 불과한 데 반해 경제 민생문제 해결은 58.6%로 나타났다. 4대 개혁입법 논란이 한창 뜨거웠던 2004년 7월 15일 조사에서도 국민들이 정부여당에 바라는 우선과제는 경제 민생문제의 해결이었다. 이 조사에서 정치 개혁은 13.4%로 줄어든 데 반해 민생문제는 85.3%로 2003년 조사 때보다도 26.7%p 더 높게 나타났다.

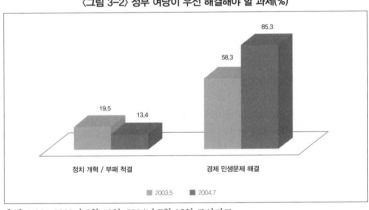

〈그림 3-2〉 정부 여당이 우선 해결해야 할 과제(%)

출처: KSOI, 2003년 5월 13일, 2004년 7월 15일 조사자료

〈그림 3-3〉은 2004년 12월 시점에 한국 정치에 대한 평가를 2003년과 비교한 것이다. 두 시점 모두 바람직한 방향이라는 평가보다는 바람직하지 못하다는 부정적 평가가 압도적으로 높았다. 여기서

지적해야 할 것은 4대 개혁을 한창 추진했던 2004년의 부정적 평가가 2003년보다 14% 증가했다는 점이다. 당시 노무현 대통령과 열린우리당의 개혁드라이브로 인한 여야 대치 및 이념 대립의 정치가 경제 문제의 해결을 요구하는 국민들이 원했던 방향이 아니었음을 보여준다.

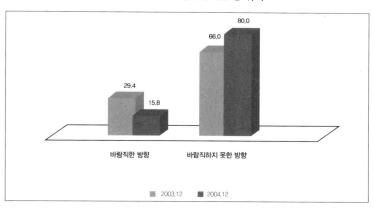

〈그림 3-3〉한국 정치에 대한 평가(%)

출처: KSOI, 2004년 12월 9일 조사자료

경제를 무시하는 **정부**

국민들은 하루하루 생계를 꾸려나가며 겪는 자신들의 어려움을 이해하고 희망을 주는 정부를 보고 싶어 한다. 그러나 참여정부는 '중단 없는 개혁'을 외치면서 개혁일변도의 정책 드라이브를 걸었다. 여론조사는 경제를 중시하라는 신호를 보내고 있었으나, 대통령은 이를 무시했다. 노무현 대통령은 보수언론이 경제위기를 주장하는 것은 개혁을 방해하려는 의도라는 인식을 가지고 있었다. 보수언론의 경제위기론을 반박하면서 대통령은 '우리 경제는 IMF 위기를 잘 극복하면서 기초가 튼튼해졌고 내버려두면 잘 풀려갈 것'이라는 낙관론을 폈다. 그 결과 노무현 대통령은 국민들에게 '경제를 무시하는 대통령'으로 비쳤다. 경기부양책을 쓰지 않는 참여정부의 경제정책이 잘못되었음을 말하는 것이 아니다. 도그마에 빠져 국민의 고통과 희망을 함께하지 못한 것이 문제라는 얘기다.

노 대통령 자신을 포함해 참여정부의 경제정책 결정과 집행에 참여했던 사람들의 자체 평가에 의하면, 참여정부의 경제적 성과는 놀랄만한 것으로 그야말로 '경제가 문제라는 사람이 문제'다. 이들은 참여정부 기간 이룩한 연평균 경제성장률 4.3%, 일인당 소득 2만 달러, 주가지수 2000, 수출 2000억 달러 등을 성공의 대표적 지표로 든다. 기준과 비교 대상을 무엇으로 하느냐에 따라 성공과 실패의 평가는 달라질수 있다. 예를 들어 성장률을 유럽의 선진국가와 비교하느냐 아니면 우리와 비슷한 동아시아 국가와 비교하느냐에 따라 달라진다. 일인당 소득과 수출액도 원화로 하느냐 달러화로 하느냐에 따라 달라질수 있다.

그러나 어떠한 기준으로 평가하더라도 참여정부 초중반기, 특히 2003~4년은 경제적으로 매우 어려운 시기였음을 부정할 수 없다.

참여정부의 출범과 더불어 경제성장률이 1년 전의 7%대에서 3% 이하로 급감하고, 카드사태의 결과 300만 이상의 신용불량자가 생겨났으며, 벤처열풍이 꺼지면서 코스닥 주가가 폭락했다. 이 와중에 청년 구직난은 악화되고 소득양극화는 심화되었으며 전월세 가격이 폭등하고 있었다. 무엇보다 실질소비소득이 7분기 연속 감소하게 되어 한국인의 60% 이상이 체감경기가 IMF 때보다도 더 나쁘다고 느낄 때였다.

이러한 당시 불황의 책임이 참여정부의 정책 탓만은 아니다. 원인을 찾는다면 김대중 정부와 그 이전 정부까지 거슬러 올라가야 할 것이고, 기업과 국민의 책임도 적지 않다. 또 참여정부가 경제에 힘을 기울인다고 해서 경기가 쉽게 회복된다는 보장도 없었다. 문제는 국민의 어려운 삶에 대한 관심이고 이를 해결하려는 노력이다. 노무현 정부의 실패는 의제설정에 있었다. 민생과 경기 회복을 최우선 과제로 설정해야 한다는 국민의 요구를 외면하고 그들이 원했던 정치 개혁을 우선시했다는 데 문제가 있었던 것이다.

노무현 대통령과 그 측근들은 경제정책의 효과에 대해서도 무관심한 듯한 태도를 보였다. 한편으로는 보수언론의 '경제위기론'에 반박하면서 '경제가 나쁘지 않다'는 낙관론을 폈고, 당장은 성과가 나지 않더라도 경제문제를 장기적으로 접근하겠다고 했다. 신용불량자를 양산한 김대중 정부의 카드정책과 같은 단기부양책을 쓰지 않겠다는 것이었다. 그렇다고 해서 참여정부가 경제 민주화나 양극화 해소와 같은 진보적 정책의 실현에 적극적인 것도 아니었다. 집권 초 재벌들을 불안하게 했던 대기업 규제의 실천에 대해 매우 미온적이었을 뿐 아니라, 4대 국정목표의 하나로 추진되었던 양극화 해소에 대해서도 노 대통령은 서구 선진국가의 예를 들면서 별 뾰족한 해결 방법이 없다고 토로했다. 그리하여 일부 진보진영으로부터 노무현 대통령과 참여정부는 진정한 진보가 아니라는 비판을 받기도 했다.

결국 노무현 대통령과 참여정부는 자유주의적 경제정책도 진보적 경제정책도 적극적으로 실천하지 않음으로써 국민들에게 '경제에 대해 별로 하는 것이 없는 정부'라는 인식을 심어주게 되었다.

설득 없는 개혁은 **실패한다**

그렇다면 노무현 대통령의 개혁은 왜 실패했는가? 가장 중요한 원인은 대통령이 정치적 개혁이 민생과 경기 회복보다 더 시급한 국정과제라는 것을 국민에게 설득해 개혁에 필요한 지지를 얻지 못했기 때문이다. 정부가 의제를 설정할 때는 대국민 설득이 성공의 관건이다. 그러나 노무현 대통령은 국민을 계도하려고만 했지 설득하는 소통능력을 갖지 못했던 것으로 보인다.

설사 노 대통령이 소통능력을 가졌다고 하더라도 그가 국민의 설득에 성공할 확률은 매우 낮았다. 왜냐하면 의제설정은 궁극적으로 국민이 원하는 바에 기초해야 하기 때문이다. 모든 국가와 시대에서 국민이 보편적으로 추구하는 가치는 성장과 안정이다. 시대가 바뀌어 복지와 변화가 중요한 가치로 부상하기도 하지만 성장과 안정은 영속적이다. 심각한 불황 속에서 경제 회복과 거리가 먼 정치적 개혁을 최우선 국정과제라고 받아들일 수 있는 국민은 매우 적을 수밖에 없었다.

노 대통령과 열린우리당이 국민의 의사와는 무관하게 개혁을 최우선 국정과제로 결정한 것은 개혁에 대한 이들의 사명감에서 비롯되었다. 진보적인 정치인과 지식인들에게 개혁은 '전근대적인 것을 근대적인 것으로 변화'시키는 단계로 인식되었다. 이들은 우리 사회에 만연한 권위주의, 연고주의, 지역주의, 부정부패 등을 일제 식민지 지배와 권위주의 통치의 잔재라고 보고 이를 청산함으로써 비로소 서구 민주주의 국가와 같은 근대적 국가의 단계로 진입한다는 사고 체계를 갖고 있다. 그리하여 개혁은 구시대의 잔재를 청산하고 진보와 보수가 양립하는 새로운 시대를 여는 역할을 한다는 것이다. 이러한 인식은 '구시대의 막내와 새 시대의 맏형'이 되고 싶다는 노 대통령의 언급에서 잘 드러난다. 개혁의 단계론적 인식의 문제는 일제 식민지 지배와 권위주의 통치를 거쳐 형성된 기득권세력을 대화와 타협의 대상으로 보는 것이 아니라 청산해야 할 대상으로 보는데 있었다.

개혁에 대한 사명감과 더불어 작용한 것이 노무현 정부의 개혁 조급증이다. 이는 대통령 단임제가 갖는 병폐이기도 하다. 즉 대통령을 한 번만 하고 물러나야 하므로 임기 중에 자신이 하고자 했던 개혁 과제를 완수해야 한다는 초조감이 있다. 특히 집권 후반에는 레임덕으로 인해 개혁이 불가능하기 때문에 초반에 개혁을 밀어붙이지 않으면 성공할 수 없다는 인식을 갖는다. 노무현 대통령은 탄핵심판과 총선 승리로 지지율이 반등했을 때, 개혁을 추진할 적기라고 여겼고 보수세력과의 전면전을 불사했던 것이다.

개혁정책에 올인한 이유로 대통령과 측근 및 열린우리당의 인사들이 선거를 자의적으로 해석해 개혁에 대한 국민적 지지가 크다고 오판했을 가능성을 생각해볼 수 있다. 예컨대, 대선에서 국민들의 새 정치에 대한 희망이 노무현을 당선시켰고, 총선에서 개혁에 대한 지지가 열린우리당의 승리를 가져왔다는 것이다. 그러나 실제로는 노무현 후보가 대통령으로 당선되었던 것은 영남후보로서 영남의 지지를 많이 받을 수 있었고, 행정수도 이전 공약으로 충청도민의 표를 상당히 끌어올 수 있었으며, 여중생 사망 사건 등을 통해 젊은이들 사이에 반미감정이 고조되었기 때문이었다. 총선에서 열린우리당이 승리한 이유도 탄핵불가론과 거야견제론 때문이었다. 이는 두 선거에서 정당 간의 득표율 차이가 거의 같았다는 사실에서도 알 수 있다. 대선 당시 노무현과 이회창의 득표율은 각각 48.9%와 46.6%로 그 차이가 2.3%p에 불과했으며, 총선 당시 열린우리당과 한나라당의 지역구 득표율은 각각 41.0%와 37.9%로 3.1%p 차이, 비례 득표율은 각각 38.3%와 35.8%로 2.5%p 차이밖에 보이지 않았던 것이다.

노 대통령과 참여정부가 민생과 경제 문제를 최우선 과제로 선택하지 않은 또 하나의 이유로 경제에 대한 '운동권 정부'의 한계를 들 수 있다.[6] 여기에는 이념적인 측면과 능력적인 측면이 있다. 이념적으로 그들은 반성장주의적 성향이 강했다. 반성장주의는 박정희식 성장주의에 대한 안티였다. 권위주의 하에서 여당과 야당은 '성장과 안보 대 자유와 인권'이라는 정치적 대립구도에 있었다. 그렇기 때문에 민주화운동 세력에게 박정희식의 성장과 안보는 곧 자유와 인권에 대한 탄압을 의미했다. 실제로 노무현 대통령은 "박정희의 공을 인정할 수 없다"는 말을 자주 했다(국정홍보처, 2008). 이들의 반성장주의적 성향은 복지주의와 연결된다. 한국은 이제 성장의 시대에서 복지의 시대로 넘어가야 한다고 보았기 때문이다. 새 시대의 청사진으로 만들어진 '2030'이라는 사회정책 프로그램이 제시한 것처럼, 노무현 대통령에게 복지는 새 시대이자 미래를 의미했다.

경제 운영에서 '운동권 정부'의 한계는 주변에 전문성이나 경험이 있는 인재가 많지 않았다는 것이다. 참여정부의 주도 세력은 젊은 시절에 민주화운동에 몸담으면서 조직과 투쟁에 대한 기획력은 뛰어났

---

6 노무현 정부는 1970년대 민주화운동 세력과 1980년대 386세력이 주도하는 운동권 정부라고 할 수 있었다. 이전에 YS정부나 DJ정부에도 운동권 정치인들이 존재했으나 소수파였다. 그러나 노무현 정부에서는 민주화운동 출신들이 권력의 실세로 등장했다. 전문가와 관료들, 그리고 김대중 정부의 인사들이 총리와 장관 자리에 있었어도 권력의 핵심 라인에 있지 못했다.

지만, 기업이나 정부에서 일한 경험이 적었다. 이 때문에 국가경제와 정부운영을 잘할 수 있는 능력이 부족했고, 주변에서 그러한 인물을 찾기도 힘들었다. 더군다나 참여정부의 주도 세력들은 이러한 인물을 기존의 관료나 전문가들에서 찾으려 하지 않았다. 노무현 정부 5년을 성공적으로 이끌어가기 위해 가치를 공유하는 개혁 엘리트 1만 명을 양성해야 한다는 '1만 양병설' 주장은 이러한 맥락에서 나왔다고 볼 수 있다.

04

악순환
2005년 4월~2006년 5월

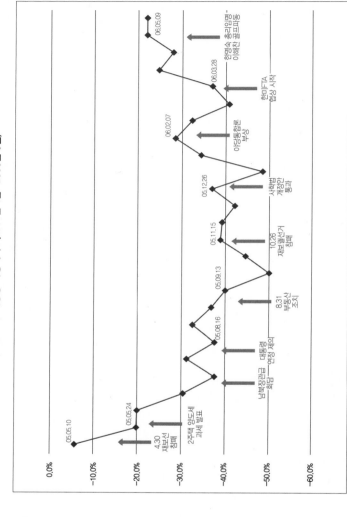

〈그림 4-1〉 대통령 국정지지도(2005년 4월~2006년 5월)

주: 수치는 국정운영 평가 질문에서 잘함에서 잘못함을 뺀 값(%p).
출처: KSOI

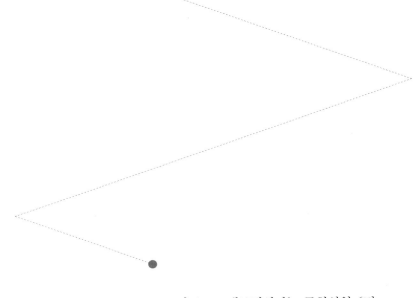

　　2005년 4·30 재보궐선거는 국회의원 6명, 기초단체장 7명, 광역의원 10명, 기초의원 21명을 뽑는 비교적 규모가 큰 선거였다. 이 선거에서 열린우리당은 기초의원을 제외하고 한 사람도 당선시키지 못해 0 대 23으로 전패했다. 17대 총선에서 열린우리당 후보가 당선되었다가 당선무효가 된 국회의원 선거구 5곳 중 4곳의 의석을 한나라당에 넘겼고, 기초단체장과 광역의원 선거에서도 단 한 석을 얻지 못했다. 이를 계기로 대통령 지지율은 다시 떨어졌고 이 시점 이후로는 어떠한 의미 있는 반등도 찾아볼 수 없었다. 선거의 패배는 예상할 수 있었으나, 패배의 크기는 실로 충격적이었다. 이 선거의 패배로 인해 열린우리당은 국회의 과반수 의석을 잃게 되었고, 참여정부는 여소야대에 직면하게 되었다.

　　선거 후 노무현 대통령은 여소야대에 의한 국정마비를 극복하기 위해 선거제도 개편을 조건으로 한나라당에 연정을 제안했다. 그러나 제안을 공식 거절한 한나라당은 말할 것도 없고, 국민과 여당조차도 반응이 싸늘했다. 이 시기에 국민을 또 한 번 실망시킨 것은 부동산 가격 안정의 실패에서 드러난 정부의 무능이었다. 정부는 부동산 가격을 안정시키기 위해 8월 31일, 2주택 소유자에 대한 양도세 과세와 6억 이상의 주택 소유자에 대한 종부세 과세 등의 방안을 발표했다. 그러나 부동산 가격이 하락하기는커녕 상승세를 지속함으로써 국민들은 참여정부의 정책운영 능력에 다시 한 번 크게 실망했다. 이 기간 동안 대통령의 국정운영 지지도는 최악이었다. 잘못함이 잘함을 30%p 이상 앞지른 경우가 대부분이었다. 이러한 상황 속에서 실시된 2006년 6월, 제4회 전국 지방선거에서 열린우리당은 또다시 대패한다. 이로써 열린우리당은 정당으로서의 경쟁력을 상실하고, 정부와 대통령은 국정운영의 동력을 잃어버리게 된다.

연이은 선거 **패배**

열린우리당은 출범 후 해체될 때까지 2004년 탄핵정국에서 치러진 17대 총선을 제외한 모든 선거에서 패배했다. 원래 재보궐선거나 지방선거에서 여당의 패배는 이례적 현상이 아니다. 대통령 임기 중에 치러지는 지방선거나 재보궐선거는 현 정부에 대한 중간평가적 성격이 강하고 이때 정부·여당에 대한 견제심리가 크게 작용하기 때문이다. 실제로 지방선거가 다시 부활한 1991년 이후, 1998년 지방선거를 제외하고 여당이 승리한 지방선거나 재보궐선거는 거의 없다. 문제는 참여정부 기간 동안에 여당이 야당에 너무 크게 패배했다는 점이다. 여당은 2004년 총선 이후 매 선거마다 참패를 기록했다. 지방선거의 경우 보통 광역단체의 수준에서는 야당이 이기더라도 기초단체의 수준에서는 여당이 어느 정도 선전하는 것이 보통인데 참여정부 시기에는 전혀 그렇지 못했다.

참여정부 기간 동안 열린우리당이 재보궐선거나 지방선거에 참패한 원인은 무엇일까? 원인은 여러 가지가 있다. 첫째, 대통령의 직무에 대한 국민의 매우 낮은 평가였다. 대통령 지지율은 대선과 총선에서보다 재보궐선거 또는 지방선거에서 유권자의 투표 결정에 더 큰 영향을 끼친다. 우리나라 대통령 선거에서 현직 대통령의 지지도는 지금까지 국민들의 차기 대통령 선택에 크게 작용하지 않았다. 이유는 대통령 단임제에서 유권자들은 현직 대통령이 어떻게 했나를 평가하는 회고적 투표보다는 차기 대통령이 어떻게 할까를 예측하는 전망적 투표를 하는 경향이 더 강하기 때문이다.

총선에서도 유권자들은 대통령의 국정운영을 뒷받침해야 한다는 심리가 크게 작용하기 때문에 정부에 대한 견제심리가 작동한다고 하더라도 선거 결과는 여야 사이에서 크게 기울어지지 않는다. 그러나 지방선거와 재보궐선거는 다르다. 이들 선거에서의 선택은 중앙

정치에 큰 영향을 미치지 않는다는 생각이 있기 때문에 유권자들은 더욱더 중간평가적 선택을 하기 때문이다.

두 번째로는 탈지역 진보정당의 한계이다. 진보세력 지지자들은 대부분의 선거구에서 다수가 아니다. 대선은 전국 득표율로 당락이 결정되기 때문에 진보진영의 후보는 전국에 퍼져 있는 진보성향 유권자의 지지와 호남 유권자의 지지로 보수 후보의 지지를 육박할 수 있다. 그러나 기타 선거는 지역구별 득표율이 관건이다. 수도권 지역에서조차 진보진영은 다수가 아니기 때문에 선거구에 거주하는 호남 출신 유권자들의 지지를 등에 없지 않고는 당선이 쉽지 않다. 2004년 총선은 예외인데 당시 열린우리당이 승리한 것은 진보에 대한 국민의 지지 때문이 아니라 탄핵심판이라는 이슈가 더 크게 영향을 미쳤기 때문이다. 호남 유권자들의 지지를 과거의 민주당처럼 받지 못했던 열린우리당이 지방선거나 재보궐선거에서 패배하는 것은 어쩌면 당연하다고 하겠다.

세 번째로는 소선거구 단순다수제라는 선거제도가 가지는 일반적인 효과다. 하나의 선거구에서 한 표라도 더 많이 얻은 후보가 당선되는 선거제도에서는 2등 후보자가 1등 후보자에 비해 득표수 차이가 크지 않더라도 의석을 차지하지 못한다. 그렇기 때문에 소선거구제 하에서는 전국적으로 30%의 표를 얻은 정당이라 할지라도 특정 선거구에 그들의 지지가 모여 있지 않는 한 10%의 의석도 차지하지 못하는 경우가 많다. 이렇듯 소선거구 단순다수제는 득표율 대 의석률이 비례적이지 못하고 한나라당과 같은 다수파 정당에 유리해서 득표율 1위인 한나라당의 승리와 2위인 열린우리당의 패배를 확대 과장하게 된다. 아래 〈표 4-1〉에서 보는 것처럼 2005년 두 차례 실시된 국회의원 재보궐선거에서의 평균 득표율은 한나라당과 열린우리당이 각각 43.3%, 29.3%였지만, 의석수는 9 대 1로 큰 차이를 보였다.

〈표 4-1〉 2005년 국회의원 재보궐선거 결과

선거명	선거구	유효투표수	열린우리당 득표수	한나라당 득표수	열린우리당 득표율(%)	한나라당 득표율(%)
2005년 4.30 재보선	경기성남 중원	59511	12717	20435	21.4	34.3
	경기포천 연천	56748	14634	36286	25.8	63.9
	충남공주 연기	61963	21883	3959	35.3	6.4
	충남아산	47705	11956	20023	25.1	42
	경북영천	50872	24251	25537	47.7	50.2
	경남김해 갑	46199	16221	28106	35.1	60.8
	합계	322998	101662	134346	31.5	41.6
2005년 10.26 재보선	대구동구	70232	30789	36316	43.8	51.7
	울산북구	50412	2711	24628	5.4	48.9
	경기부천	38662	12851	19424	33.2	50.2
	경기광주	58045	10154	19143	17.5	33.0
	합계	217351	56505	99511	26.0	45.8
전체		540349	158167	233857	29.3	43.3

중앙선거관리위원회

당혹스러운 **대연정** 제안

노무현 대통령은 4·30 재보궐선거 참패로 여소야대가 형성되자, 연립정부 구상을 밝혔다. 처음에는 특정 정당을 지목하지 않고 연정의 의지를 드러냈으나, 7월 29일 기자회견을 자청해 지역주의 극복을 위한 선거제도 개정에 응하는 조건으로 한나라당과의 대연정을 제안한다고 밝혔다. 그러나 대통령의 연정 제안은 반대 세력뿐만 아니라 지지 세력과 일반 국민들로부터도 비판과 외면을 받았다. 특히, 연정의 조건으로 내건 지역주의 극복을 위한 선거제도 개정은 국민들로부터 별다른 공감을 얻지 못함으로써, 연정 제의가 참여정부 최대의 실책이라고 인식되기도 했다.

대통령의 연정 제안은 여당인 열린우리당에게도 당혹스러운 것이었다. 당정청의 고위관계자들 사이에 합의된 내용이 아니었기 때문이다. 하지만 당시 문희상 의장을 비롯한 열린우리당의 지도부에서는 대통령의 대연정 제안에 호응해 한나라당과의 협상을 시도한다. 그러나 이러한 움직임은 표면적인 것이었고 당내 반발은 적지 않았다. 열리우리당의 지지층들은 노무현 대통령이 당원에게 보내는 편지에서 쓴 한나라당과 참여정부 간에 별 정책적 차이가 없기 때문에 연정할 수 있다는 말에 참여정부의 정체성에 의문을 제기했고 이렇게 반문했다. 어떻게 진보적인 열린우리당과 보수적인 한나라당이 아무런 차이가 없단 말인가? 과연 지역주의가 양극화나 비정규직 문제보다 더 시급하게 해결해야 할 문제란 말인가? 어떻게 얻은 권력인데 한나라당에 그냥 내줄 수 있단 말인가?

한나라당을 비롯한 반대 세력들은 차제에 연정을 하는 것도 방법이라는 주장도 있었지만 다소 의외라는 반응과 함께 결국은 침몰하는 배에 타지 않겠다는 결론을 내렸다. 8월 1일, 박근혜 대표는 "선거법 하나를 개정하기 위해 대통령 권력까지 내놓겠다는 헌법 파괴적인 생각"을 버리고 민생에 전념하라며, 노무현 대통령의 연정 제안을 공식적으로 거부했다.

한나라당에게 지역주의 극복이라는 목표는 명분이 약했고 선거제도 개정이라는 수단은 더더구나 실익이 없었다. 지역주의를 완화하는 중대선거구의 도입이 의석수에 있어 지역적으로 지지가 집중되어 있는 한나라당보다 지지가 전국적으로 분산되어 있는 열린우리당에게 유리하기 때문이었다. 만약 노 대통령이 민생과 경제 살리기를 전면에 걸고 연정을 제안했더라면 한나라당은 국민들의 눈치를 보아야 했기 때문에 곤혹스러웠을 것이다. 그러나 무엇보다도 한나라당을 비롯한 보수세력들은 탄핵 당시처럼 연정 제안이 노무현의 정치적 술수라고 보고 그 꾀에 넘어가지 않겠다는 태도가 팽배했다.

일반 국민들도 노무현 대통령의 연정 제안에 대해서 반대하는 사람의 수가 찬성하는 사람의 수보다 두 배 이상 많았다. 4대 개혁입법 때와 꼭 마찬가지로 정부의 가장 시급한 과제는 경제 회복이라고 생각했기 때문에 선거제도의 개정이 필요하다는 데 공감을 느끼지 못

〈표 4-2〉 한나라당과의 연정에 대한 찬반 여론(%)

		찬성	반대
지역	서울	20.4	74.4
	인천/경기	29.1	56.5
	대전/충청	31.4	61.0
	광주/전라	27.8	61.6
	대구/경북	21.0	67.0
	부산/경남	32.5	55.8
지지 정당	열린우리당	43.2	48.8
	한나라당	23.0	67.5
	민주노동당	12.5	83.3
전체		26.9	62.5

출처: KSOI, 7월 26일 조사자료

했던 것이다. 국민들은 대연정 제안이 국민의 기대를 무시하는 처사라고 보았고, 노무현 정부를 자신들의 삶과 동떨어진 인식과 행태를 보이는 그야말로 한가한 정부로 인식했다. 〈표 4-3〉에서 알 수 있듯이, 당시 여론은 과거와 다름없이 국정운영의 최우선 과제를 경제 회복이라고 생각했다. 대통령이 역점을 두고 추진해온 정치 개혁을 최우선 과제로 생각하는 국민은 6.3%에 지나지 않았다. 이러한 경향은 열린우리당의 지지층에서도 크게 다르지 않았다.

사실 우리 국민들은 지역주의를 긍정적으로 평가하지 않는다. 그렇기 때문에 언젠가는 지역주의에 의한 지역 분열의 정치가 개선되어야 한다고 생각한다. 그러나 지역주의가 다른 어떤 사안보다 더 시

〈표 4-3〉 국정운영 최우선 과제에 대한 여론(%)

		경제 회복	부패 척결	정치 개혁	갈등 해소
연령	20대	58.0	17.1	7.2	8.0
	30대	72.6	12.4	6.7	5.3
	40대	71.9	13.6	5.4	3.0
	50대 이상	63.6	12.5	6.0	6.0
정당 지지	열린우리당	54.6	20.4	10.9	6.7
	한나라당	74.0	6.3	5.9	3.4
	민주노동당	55.7	24.0	4.3	8.6
전체		66.5	13.7	6.3	5.6

출처: KSOI, 8월 16일 조사자료.

급히 해결되어야 할 문제라고는 생각하지 않는다. 무엇보다 국민들은 지역주의의 극복이 대통령이 권력을 야당에게 내어줄 정도로 시급하다고 판단하지는 않았다.

또한 대통령이 연정 제안에서 언급한 지역주의와 선거제도와의 관계는 매우 기술적이고 논쟁적인 것이어서 일반 국민들은 쉽사리 이해하기가 어려웠다. 이에 대해서는 학자들 사이에서도 다양한 의견이 존재한다. 도농복합형 중대선거구제, 권역별 비례대표제 등이 소선거구제의 대안으로 제안되었지만, 그러한 안들이 과연 지역주의를 얼마나 완화할 수 있는가 하는 데 대해 논란이 있었으며, 다당화로 인한 정치적 불안정 등과 같은 부작용에 대해서도 의문과 우려의 목소리가 높았다.

그러면 왜 노무현 대통령은 대연정을 제안했을까? 먼저 지적해야 할 것은 노무현 대통령의 이 제안이 결코 즉흥적이지 않았다는 점이다. 당선자 시절, 노무현 대통령은 당원 연수행사 자리에서 "지역주의 극복을 위해서는 권력의 반을 내놓겠다"고 말했다. 당선자의 의지를 반영해서, 인수위의 정치개혁위원회에서는 지역주의 극복을 위한 제도개선 방안을 마련하기도 했다.

2004년 4·15 총선 전에도 노무현 대통령은 야당에 도농복합형 선거구제를 채택하면 의석에 있어 제1당이 총리 지명권을 갖는 책임총리제를 도입하겠다고 제안했다. 이 제안의 배경에는 지역주의를 극복하기 위해서는 탈지역 정당인 열린우리당이 성공해야 하고 그러기 위해서는 중대선거구제의 도입이 필수적이라는 계산이 있었기 때문이다. 그러나 문제는 이러한 개혁 드라이브가 경제적 어려움에 시달리는 국민들에게 많은 공감을 얻지 못했다는 것이다. 대통령 지지도가 낮으면 이를 만회할 다른 방도를 찾았어야 했으나, '구시대의 잔재를 타파하고 새 시대를 열어가야 할' 역사적 사명을 짊어진 '계몽군주', 노무현은 국민을 개혁으로 이끌려고만 했다.

8·31 종합**부동산정책**

대통령이 자기 자리를 걸고 무엇을 이루겠다고 하면, 그 반대의 결과가 나온다는 말이 있다. 김영삼 대통령은 '대통령직을 걸고 쌀 개방은 하지 않겠다'고 강조했으나, 집권기간 동안 쌀 개방을 했다. 노무현 대통령도 '대통령직을 걸고 집값을 안정시키겠다'고 했으나 집값은 집권기간 내내 높은 증가율을 보였다. 〈그림 4-2〉는 김대중과 노무현 대통령의 임기 3~4년차 동안의 수도권지역 아파트 매매가격지수 추이를 보여준다. 김대중 정부 시기에도 아파트 가격이 상승했지만, 참여정부 시기에 가격 상승이 더 가파르다. 참여정부 5년간 전국의 집값은 35%가 올랐고, 서울은 43%, 신도시는 56%가 올랐다.[7] 특히 경기도 성남시의 분당 아파트 값이 78.4%가 오른 것을 비롯해 강남구는 71.1%, 송파구는 71.0%, 용인시는 68.1%가 올랐다.

참여정부는 임기 중 10번 이상의 종합부동산대책을 발표했다. 이 중 핵심은 과세와 금융규제였다. 과세정책은 2005년 8월 31일 발표된 부동산종합대책에 집약되었는데, 1가구 2주택자에게 50%의 양도세를 과세하고 종합부동산세 과세 대상을 9억에서 6억으로 확대하는 내용이었다. 세금을 통해 부동산 투기의 근원이라고 할 수 있는 불로소득을 환수하려는 정책이자, 부동산 소유 그 자체가 부담이 되도록 하는 정책이었다. 정책이 발표되자 자산가들로부터의 저항은 거셌고 여당인 열린우리당에서조차 재조정해야 한다는 목소리가 높았다. 소위 '공급론자'들로부터 유동성 자금이 풍부한 상태에서 공급이 아닌 규제로 집값을 안정시키겠다는 접근은 반시장주의적이고 비현실적이라는 비판이 강했다.

---

7 〈뉴시스〉, 2008년 2월 22일자

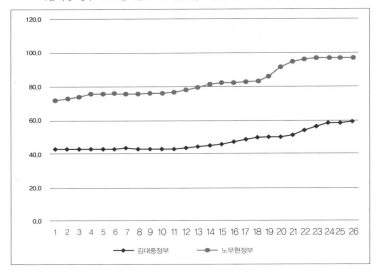

〈그림 4-2〉 김대중 · 노무현 정부의 수도권지역 아파트 매매가격지수 추이

(김대중 정부 2000년 4월~2002년 5월, 노무현 정부 2005년 4월~2007년)

주: 2011년 6월 아파트 매매가격을 100으로 함. 출처: 통계청 주택 자료

  참여정부는 강남으로 몰린 수요를 대신할 '제2의 강남' 건설을 추
진한 바, 판교, 송파, 검단에 신도시 건설계획을 발표했고, 화성, 김
포, 파주에도 신도시 건설계획을 발표했다. 그러나 그럴 때마다 정부
의 예상을 비웃기라도 하듯 강남의 아파트값은 폭등했다. 이로 인해
규제론자로부터도 비판을 받아야 했다. 소위 '개발오적(건설업자, 정치
인, 관료, 학자, 보수언론)'의 높은 벽을 넘지 못하고 무분별한 개발정책
이 집값을 폭등하게 했다는 얘기였다. 이들은 우리나라가 선진국에
비해 보유세와 거래세가 낮기 때문에 더 강한 규제(과세와 투기자 처벌)

로 대응했어야 한다고 주장했다.

부동산정책은 참여정부가 가장 공을 들인 정책이었지만 대표적인 정책 실패 사례 중 하나로 알려져 있다. 이 때문에 참여정부는 '무능한 진보'라는 달갑지 않은 호칭을 받게 되었고, 이는 정부의 권위 실추로 이어졌다. 공급론자든 규제론자든 공통으로 비판하는 것은 정부정책의 비일관성이었다. 참여정부는 집권 초기에 국토 균형발전을 위한 혁신도시 건설 등 개발정책으로 유동성 자금을 증가시켜 부동산 시장을 활성화시켰다. 그러나 집값이 지나치게 상승하자 가격 안정화를 위해 다시 규제 강화를 들고 나왔다. 이미 온 국민의 기대가 한껏 부풀어 올라 어떠한 처방도 듣지 않는 상황이었고, 결국 지지층마저 등을 돌리고 만 것이다.

최악의 선거 **참패**

열린우리당은 2006년 6월 실시된 제4회 지방선거에서도 참패한다. 선거 결과는 2002년 지방선거와 비슷했지만 패배의 원인은 달랐다. 김대중 정부 말기에 있었던 2002년 지방선거에서 민주당의 패배는 정권 말기의 레임 덕 현상과 함께 옷로비사건, 대통령 아들 비리사건 등의 악재가 작용한 것이었다. 그러나 2006년 지방선거에서는 여당에 불리한 그 어떤 특별한 이슈가 없었는데도 여당이 참패했

	선거단위	열린우리당	한나라당	민주당	전체
제4회	광역단체장	1(6.3)	12(75.0)	2(12.6)	16
	기초단체장	19(8.3)	155(67.4)	20(8.7)	230
	광역의원 (비례포함)	52(7.1)	557(76.0)	80(27.2)	733
	기초의원 (비례포함)	630(21.8)	1621(56.1)	276(9.6)	2888
제3회	광역단체장		11(68.8)	4(25.0)	16
	기초단체장		136(59.9)	44(19.4)	227
	광역의원 (비례포함)		467(68.5)	143(21.0)	682 ·

주: 괄호 안은 퍼센트. 제3회 지방선거에서 기초의원선거는 정당공천이 없었음.
출처: 중앙선관위

다. 국민들이 참여정부에 대해 마음의 문을 닫아버렸음을 확인하는
선거였다. 이로써 대통령의 지지율은 더욱더 하락하고 열린우리당
은 선거를 통해 권력을 획득하고자 하는 정당으로서의 경쟁력을 상
실하게 되었다.

〈표 4-5〉에서 알 수 있는 것처럼, 열린우리당과 민주당을 합치면
제4회 지방선거의 결과는 제3회 지방선거의 결과와 큰 차이가 없었
다. 그러나 민주당을 뺀 열린우리당의 성적은 최악이었다. 광역·기
초단체장, 광역의원선거 각각의 전체 자리수의 9%를 넘지 못했고 국
회 제4당인 민주당의 성적에도 미치지 못했다. 호남으로부터의 지지
가 민주당은 강했지만 열린우리당은 약했기 때문이다.

<표 4-6> 제3~4회 광역단체장선거 지역별 정당 득표율(%)

	제3회 지방선거		제4회 지방선거	
	민주당	한나라당	열린우리당	한나라당
전국	30.9	52.3	27.6	54.8
서울	43.0	52.3	27.3	61.1
부산	19.4	63.8	24.1	65.5
대구	38.8	61.2	21.1	70.2
인천	32.1	56.2	23.6	61.9
광주	46.8	-	39.6	3.0
대전	-	46.6	43.8	41.1
울산	-	53.1	11.5	63.2
경기	36.0	58.4	30.8	59.7
강원	28.9	71.1	22.2	70.6
충북	-	58.6	30.6	59.7
충남	-	33.0	25.5	46.3
전북	74.6	8.3	48.1	7.8
전남	57.8	-	19.2	5.9
경북	-	85.5	23.2	76.8
경남	16.9	74.5	25.4	63.1
제주	51.4	45.4	16.2	41.1

출처: 중앙선거관리위원회

 <표 4-6>은 제3회, 제4회 지방선거의 광역단체장선거 시도별 정당 득표율을 보여준다. 제3회 지방선거에서 민주당은 전국적으로 약 21%p 한나라당에 뒤진 데 반해, 제4회 지방선거에서 열린우리당은

약 27%p 뒤졌다. 두 선거 간에 지역별로 민주당과 열린우리당 후보들의 득표율 차이를 비교해보면, 부산과 경남을 제외하고 모든 지역에서 열린우리당 후보 득표율이 하락했다. 특히 호남과 수도권 지역에서 득표율이 눈에 띄게 하락했는데 이는 민주당과 열린우리당의 분당이 낳은 결과였다.

    제4회 전국지방선거의 결과가 단적으로 보여준 것은 참여정부와 열린우리당이 국민으로부터 더 이상 지지를 받을 수 있는 능력이 없다는 것이다. 그러나 그렇다고 해서 민주당이 열린우리당을 대체할 수 있는 능력을 보여준 것은 아니었다. 민주당은 기껏해야 호남과 수도권 일부에서 선전했을 뿐이기 때문이다. 이는 민주당 계열의 정당이 호남과 진보로 나뉘어서는 전국적인 선거에서 승리가 불가능함을 잘 보여주고 있다.

05

불능

2006년 6월~2008년 2월

〈그림 5-1〉 대통령 국정 지지도(2006년 6월~2007년 12월)

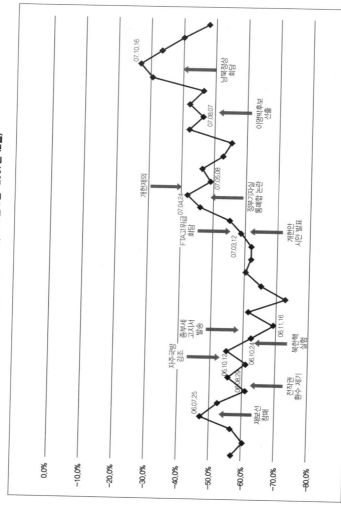

주: 수치는 국정운영 평가 질문에서 잘못함을 뺀 값(%p).

출처: KSOI

지방선거 참패 이후 1년간, 대통령 국정 지지도는 잘못함이 잘함보다 평균 57%p나 더 많았다. 2006년 12월에는 긍정평가가 부정평가보다 72.6%p나 적은 최저치를 기록한다. 국민들이 참여정부에 대해 완전히 등을 돌린 것이다. 이런 상황에서 정부와 대통령의 국정운영 주도력은 있을 수가 없었다. 노 대통령의 권위를 아무도 인정해주지 않았던 이 시기는 진보의 이반과 열린우리당의 붕괴로 특징지을 수 있다. 이 기간 동안 어떤 주요한 정책도 실현되지 않았고 실현될 수도 없었다. 정치권에서 어느 정도 공감대가 형성되고 있었던 원 포인트 개헌도 국회에서의 의제 진입에 실패했고, 한나라당이 반대하지 않은 한미 FTA의 타결 또한 국회를 통과하지 못하고 다음 정부로 이월되었다.

참여정부는 보수와 진보 양진영으로부터 공격을 받았다. 노무현 대통령과 김정일 국방위원장 사이에 남북정상회담이 개최되었지만 국민들은 크게 관심을 보이지 않았다. 이러한 가운데 치러진 제17대 대통령 선거에서 대통합민주신당의 정동영 후보는 한나라당의 이명박 후보에게 대패했다. 선거 패배의 원인을 호남 후보의 한계로 돌리기에는 패배의 정도가 너무 컸다. 참여정부의 독선과 무능에 대한 국민들의 부정적인 평가의 결과였다. 이로써 10년의 진보정부는 퇴장했다. 차기 대통령 선거를 앞두고, 한미 FTA 협상을 타결하고 남북정상회담을 성사시킴으로써 노무현 대통령의 지지율은 약간 증가했다. 흥미로운 현상은 2005년 3~4월처럼 대통령이 정치적 이슈를 제기하지 않고 경제와 외교영역에서 조용한 행보를 할 때 지지가 상승했다는 점이다.

진보의 분열, 해체된 **열린우리당**

2007년 초부터 열린우리당은 의원들의 탈당 러시에 직면하게 된다. 1월 28일 창당 주역이었던 천정배 의원의 탈당을 필두로 6명의 의원이 탈당했고, 2월 6일에는 김한길 전 원내대표와 강봉균 전 정책위원장 등 당내 보수그룹 의원 23명이 탈당해 '중도개혁통합신당추진모임'이라는 교섭단체를 만들었다. 이러한 상황에서 노무현 대통령은 '당적 정리'란 형식으로 탈당했다. 5월 7일에는 '중도개혁통합신당'이 창당을 선언했고, 6월이 되면서 임종석, 우상호 등 초재선 386 의원 17명이 탈당했다. 이어 문희상, 김근태, 문학진 등 16명의 의원이 탈당하면서 진보개혁 성향의 의원을 주축으로 '대통합추진모임'을 결성했다. 6월 18일에는 정동영이 탈당하고 이어 유인태와 송영길 등 개혁 재선그룹 15명이 탈당하면서 범여권신당 창당준비위원회가 발족했다. 이들은 2월에 탈당한 김한길 계, 민주당의 탈당파, 시민단체 세력, 그리고 한나라당을 탈당한 손학규 세력을 합쳐 기존의 열린우리당을 흡수하는 방식으로 '대통합민주신당'을 창당했다.

열린우리당 의원들의 탈당 러시는 열린우리당의 간판으로 17대 대통령 선거와 18대 총선에서의 승리가 절망적이었기 때문에 새로운 정당을 창당하기 위한 수순이었다고 볼 수 있다. 여기에 2007년 4월 재보궐선거에서 2006년 재보선에서 당선된 민주당 조순형에 이어 김홍업과 국민중심당의 심대평 등이 당선되면서, '범여권의 연대로 선거에서 이길 수도 있다'는 일말의 희망이 탈당과 신당 창당을 가속화시켰다. 이들의 탈당은 당내 계파 간 이견은 있었지만 열린우리당을 해체하고 민주당 및 외부의 개혁세력과 합쳐 통합신당을 만들어서 대선과 총선에 임해야 한다는 데에 의견이 일치했다.

열린우리당의 해체와 신당 창당은 민주당과의 재합당을 공개적으로 반대한 노무현 대통령과의 철저한 거리두기였으며 호남과 진보의 재연합 과정이었다. 이들은 참여정부의 실패를 자신들을 포함한 진보의 실패로 보지 않고 노무현 대통령과 그의 추종세력들의 실패로 규정했다. 또한 이들 중 일부 세력은 노무현 대통령과 참여정부에 대한 거리두기의 명분을 이념에서 찾으려 했다. 한미 FTA의 추진, 제주도 강정마을 해군기지 건설 추진 등을 반진보적이라고 강하게 비판했던 것이다. 당시의 좌클릭 기류는 17대 대선으로 이어져 선거 참패의 원인이 되기도 한다. 노무현 대통령의 비서실장을 지낸 문재인은 '진보의 분열이 노무현 정부 실패의 가장 큰 원인이었다'며 당시 진보진영에 대한 불편한 심기를 드러냈다.

원 포인트 개헌의 **실패**

2007년 1월 9일, 특별담화를 통해 노무현 대통령은 대통령 4년 중임제와 대선·총선 동시선거 실시를 골자로 한 소위 '원 포인트 개헌안'을 제안했다. 단임제는 재선의 가능성이 없어 국정의 책임성이 없고, 대선과 총선 그리고 지방선거의 시기가 들쭉날쭉이라 안정적인 국정운영이 어렵다는 것이다. 그리하여 4년 중임제를 통해 국정의 책임성을 높이고 대통령 임기와 국회의원 임기를 일치시켜 국정의 안정을 꾀하자는 것이 원 포인트 개헌안의 요지였다. '원 포인트'라 함은 1987년 헌법을 고치자고 하면 많은 내용이 건드려질 수 있고 자칫 이념적인 논쟁으로 확산될 수 있어 한 지점만 고치자는 의미이다. 노무현 대통령의 이 제안 역시 즉흥적인 것이 아니었고 선거제도 개정과 함께 정치 개혁의 일환으로 준비되어 있던 것이었다. 이런 대통령의 제안에 대해 야당인 한나라당은 철저히 무시전략으로 나갔다. 당시 박근혜 한나라당 대표는 '참 나쁜 대통령'이라고 표현하면서 노무현 대통령의 제안을 묵살했다.

원 포인트 개헌에 대해서는 16대 대선 기간 동안 후보자들 사이에 기본적 합의가 있었다. 국민들 또한 개헌의 기본 내용에 대해 다수가 지지하는 편이었다. 〈표 5-1〉이 보여주는 것처럼, 당시 실시된 7개의 여론조사 중 4개 조사에서 개헌 찬성이 많았고, 두 조사에서만이 반대여론이 많은 것으로 나타났다. 개헌은 16대 대선 공약으로 나왔던 사안이었을 뿐만 아니라 민주화 이후 여러 정치인들에 의해 끊임없이 제기되어 왔던 사안이었다.

〈표 5-1〉 개헌에 대한 여론(%)

	개헌 찬성	개헌 반대
MBC-코리아리서치(818명)	51.0	40.0
KBS-미디어리서치(800명)	47.1	52.9
SBS-한국리서치(1,000명)	48.4	42.6
중앙일보-자체조사팀(671명)	56.6	39.2
한겨레-리서치플러스(700명)	43.0	43.5
문화일보-KSOI(500명)	44.4	52.1
한국경제-중앙리서치(1,050명)	54.3	41.8

출처: KSOI, 2007년 1월 11일자, 《동향과 분석》

노 대통령의 개헌 제안에 대해 국회는 별다른 논의도 하지 않고 여야 합의로 이 의제를 18대 국회로 넘겼다. 여당이 대통령의 개헌 제안을 그다지 옹호하지 않았던 것은 다음 선거에서 정권을 잡을 수 없다는 판단이 많아, 당장 남 좋은 일 시키고 싶지 않았기 때문이었다. 한나라당은 당시 원 포인트 개헌에 대해 공감이 있었지만, 10%의 지지밖에 못 받는 대통령에게 이 사안을 맡길 수 없으니 다음 번 정부에 넘기라는 것이었다. 대통령의 지지가 그리 낮지만 않았다면 개헌이 성사될 수 있었던 좋은 기회였다. 사실 국회가 개헌에 대한 논의조차 하지 않은 것은 안타까운 일이 아닐 수 없다. 왜냐하면 대통령 단임제는 대통령의 국정운영에 큰 영향을 미치는 매우 중요한 제도이기 때문이다. 더구나 2008년은 20년에 한 번씩 찾아오는 대통령 임기와 국회의원 임기가 동시에 끝나는 해로 이를 앞둔 2007년은 개헌에 가장 적절한 시점이었기 때문이다.

FTA 타결과 **비준의 실패**

노무현 대통령은 역대 대통령 중 유일하게 반미주의자로 알려졌으나 이라크 파병이나 한미 FTA 추진처럼 실제로는 미국과의 특별한 군사 · 경제 관계를 유지하고 발전시켰다. 그래서 진보진영으로부터 말로는 자주외교를 외치지만 실제로는 부시의 애완견이 아니냐는 비아냥거림을 들었다. 노무현 대통령이 반미주의자로 비친 것은 "별 볼일 없이 사진이나 찍으러 미국에 가진 않겠다"거나, "반미면 어떠냐"는 등 후보시절의 발언 때문이었다. 이러한 발언이 주로 보수성향의 신문에 집중 보도되었고, 외신을 통해 국외로 전파됨으로써 그를 잘 알지 못했던 미국 조야에서까지 그를 반미 성향의 지도자로 보는 인식이 있었다.

그러나 내용 없는 형식적인 외교는 하지 않겠다는 발언과 보수적인 부시 대통령과 사이가 좋지 않았다고 해서 그를 반미주의자로 보는 것은 지나치다고 할 수 있다. 노무현 대통령의 외교노선은 한미동맹관계의 현실을 인정하되, 한국 주도의 자주적 외교를 강화해서 한미관계를 좀 더 수평적이고 대등한 관계로 발전시키겠다는 입장으로 보는 것이 정확하다. 그가 전임 대통령들과 같이 친미주의자가 아닌 것은 분명하지만 그렇다고 반미주의자라 하기도 어렵다. 전임 대통령들이 친미주의적 국내 여론 때문에 미국과의 이견을 조용하게 풀어간 반면, 노무현 대통령은 젊은이들을 중심으로 반미 무드가 강했던 환경에서 '자주'라는 말을 자주 사용했던 것이고 이것이 반미주의로 비치는 계기가 되었다. 그러나 미국과의 안보와 경제 관계에서는 현실주의를 추구했고, 그래서 진보진영으로부터 친미주의자라고 공격을 받기도 했다.

한미 FTA는 일찍부터 계획된 것이었다. 집권 초기 참여정부의 국정 로드맵에 이미 설정되어 있었다. 참여정부에게 한미 FTA는 한국이 일본이나 중국과의 수출경쟁에서 미국시장을 선점하는 동시에 국내 경제제도와 관행을 개선하고 생산성을 제고해 경제 전반을 한 단계 업그레이드한다는 의미를 지니고 있었다. 또한 한미 FTA는 중국과 일본 등 동북아 국가들과의 FTA를 추진하기 위해서도 꼭 필요하다는 인식이 있었다. 노무현 대통령은 자칭 '좌파 신자유주의자'라 할 만큼 시장개방과 자유무역이 경제 발전에 큰 도움을 준다고 믿었다.

참여정부는 미국과 2년간의 본격적 협상 끝에 2007년 4월 공식적인 협상타결을 선언했다. 노무현 대통령은 특별담화문을 발표해 협상의 내용을 상세히 설명하고 국회에서의 책임 있는 논의와 객관적인 평가를 요청했다. 사실 소고기, 배기가스, 스크린 쿼터, 의약품에 관한 미국의 요구조건과 쌀 개방을 협정 대상에서 제외하자는 한국의 요구조건을 양국이 합의한 이후, 협상에 큰 이슈는 없었고 대부분 기술적인 문제만이 남아 있었다. 협상 결과에 대한 국제적인 평가도 양국 모두에게 잘 되었다는 것이었다.

그러나 진보진영에서는 노무현 대통령이 진보를 배신했다고 크게 반발했다. 대통령의 담화도 주로 반대론자들을 겨냥해 국민들을 설득하는 내용이었다. 연일 폭력시위와 강제진압의 충돌이 있었지만 여당과 야당은 모두 한미 FTA 비준에 대해 긍정적이었다. 그러나 여당과 야당은 비준에 적극적이지 않았고 누가 먼저 움직이면 무임승차하려는 태도였다.

〈표 5-2〉에서 볼 수 있는 것처럼 국민 여론도 한미 FTA 추진에

〈표 5-2〉 한미 FTA 타결에 대한 국민 여론(%)

조사기관	SBS	MBC	YTN	KSOI
조사일자	4/2	4/3	4/5	4/25
찬성/잘한 일	52.6	48.0	58.4	66.2
반대/잘못한 일	34.9	35.0	26.9	32.2

출처: KSOI, 2007년 4월 27일자, 《동향과 분석》

긍정적이었다. 협상타결 이후 모든 여론조사에서 찬성한다거나 잘한 일이라는 평가가 다수를 차지했다. 9월에 비준동의안이 국회에 제출되었으나, 대통령 선거를 앞두고 여야는 이를 처리하지 않았다. 열린우리당은 내부의 반대를 핑계로 소극적이었고 한나라당의 관심은 차기 대선후보 간의 경쟁에 집중되어 있었다. 일부 진보세력을 제외한 여당과 야당이 찬성하고 국민의 다수가 잘한 일로 평가했던 한미 FTA의 비준이 아무런 노력도 없이 국회를 통과하지 않게 된 것이다. 원포인트 개헌과 함께 참여정부 최대의 업적으로 남을 수 있었던 국정 과제가 다음 정부로 이월되고 말았다. 이는 대통령의 낮은 지지율로부터 발생하는 불능정부의 전형적인 사례라고 하겠다.

빛바랜 남북정상회담

2007년 10월 2일에서 4일까지 노무현 대통령은 군사분계선을 넘어 북한을 방문, 북한의 김정일 위원장을 만나 남북정상회담을 열고, 공동선언문을 발표한다. 공동선언문은 6·15 정상회담의 정신을 이어가고, 평화체제 구축에 노력하며 경제협력과 사회문화적 교류를 발전시켜 나간다는 내용으로 1차 남북정상회담보다 크게 진전된 것은 없었다. 무엇보다도 정권 말기에 이루어진 이 정상회담은 국민들의 관심 밖에 있었다.

참여정부의 정책 중 외교안보정책은 상대적으로 높은 평가를 받았다. 노무현 대통령은 '자주국방'을 천명한 가운데 SOFA(주둔군지위협정) 개정, 전시작전통제권 환수 등을 제기해, 군 원로와 보수진영으로부터 '한미동맹을 무너뜨려 나라를 위험에 빠뜨리는 행동'이라는 강한 비난을 받았다. 그러나 국민 전체적으로 노 대통령의 이러한 외교안보정책에 대한 평가가 그리 나쁘지는 않았다. 당시 SOFA 개정이나 전시작전통제권 환수 등은 우리나라 국민들에게 자존심의 문제로 받아들여져 노무현 대통령의 자주국방정책에 대해서는 긍정적인 평가가 많았다(《표 5-3》). 이러한 여론에 대해 보수진영에서는 젊은이들 사이에서 근거 없이 확산되는 반미의식의 결과라고 우려했다.

문제는 김정일이었다. 북한 정권은 개성공단과 금강산 관광 등 대북 투자와 교류 확대에도 불구하고 2006년 7월 미사일 발사와 같은 해 9월 핵실험 등으로 오히려 남북관계의 긴장을 고조시켰다. 이로 인해 국민들 사이에서는 햇볕정책에 대한 회의가 크게 확산되었다. 〈그림 5-2〉에서 알 수 있듯이, 2006년 9월 핵실험 이후 대북포

<表 5-3> 전시작전통제권 환수에 대한 찬반여론

		찬성	반대
지역	서울	48.5	47.9
	인천/경기	57.4	41.1
	대전/충청	48.2	51.0
	광주/전라	62.3	35.2
	대구/경북	51.3	38.0
	부산/경남	60.8	36.8
연령	20대	60.0	37.7
	30대	68.8	29.3
	40대	51.8	43.0
	50대 이상	41.1	55.1
전체		54.6	42.1

출처: KSOI, 2006년 8월 16일 조사자료

용정책의 방향을 근본적으로 재검토해야 한다는 의견이 29.8%에서 54.3%로 급상승했다. 이런 상황에서 핵과 미사일 문제를 다루지 않는 정상회담에 대해 국민적 관심은 저조할 수밖에 없었다. 2000년 1차 정상회담 때와는 달리 국민들의 무관심 속에 정상회담은 남북관계 개선의 특기할 만한 진전 없이 마감되었다.

오히려 나중에 노무현 대통령과 김정일 위원장의 회담 내용이 문제가 되어 2012년 대통령 선거의 이슈가 되었다. 2차 정상회담에서 노무현 대통령과 김정일 위원장 사이에 논의된 서해평화협력지대를 두고 노 대통령이 서해북방한계선(NLL)을 포기했다는 주장이 새누리당 의원으로부터 제기되어 선거 기간은 물론 박근혜 정부 출범 이후에도 한동안 진실공방이 지속되었다.

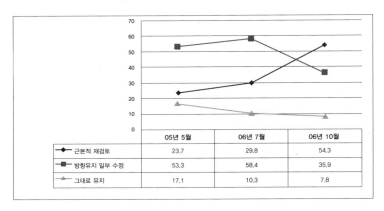

〈그림 5-2〉 대북포용정책에 대한 여론 추이

	05년 5월	06년 7월	06년 10월
근본적 재검토	23.7	29.8	54.3
방향유지 일부 수정	53.3	58.4	35.9
그대로 유지	17.1	10.3	7.8

출처: KSOI, 2006년 10월 10일 조사자료

17대 대선, **진보의 실패**

집권 마지막 해였던 2007년 대부분의 기간 동안 노무현 대통령은 국민적 관심에서 소외되어 있었다. 국민들은 당선 가능성이 높은 한나라당 대선후보의 경선에서 이명박과 박근혜의 대결에 관심을 집중했고, 이명박의 BBK사건에 대한 진실공방에 주목했다. 차기 대통령 선거는 해보나마나 한 선거였다. 〈표 5-4〉에서 알 수 있듯이 통합민

날짜	조사기관	이명박	박근혜	손학규	정동영
6월 21일	KSOI	37.8	26.1	6.5	1.8
7월 1일	한국갤럽	39.4	27.6	5.3	2.4
7월 14일	한국리서치	40.0	25.8	7.3	3.3

주당의 후보는 항상 이명박과 박근혜 후보에 상당히 뒤처진 3~4위를 벗어나지 못했다.

제17대 대통령 선거는 누구나 예측했던 것처럼 한나라당의 이명박 후보가 대승했다. 이명박 후보가 승리한 원인은 첫째, 경제에 대한 국민들의 기대였다. IMF 경제위기 이후 회복하는 듯했던 한국 경제는 참여정부 기간 동안 다시 저성장의 늪에 빠져 헤어나지 못했다. 양극화는 심화되고 88만원 세대라는 말이 유행할 만큼 청년들의 일자리 찾기는 하늘의 별 따기였다. 이러한 상황에서 참여정부 내내 한나라당과 보수언론은 '경제위기론'을 퍼뜨렸고, 이명박이든 박근혜든 한나라당의 대선 후보들은 경제 성장을 약속했다. 특히 현대건설 CEO 출신인 이명박은 수렁에 빠진 경제를 건져내줄 사람으로 믿어졌다.

국민들은 현 정부의 지난 국정운영을 회고하며 차기 대통령을 선택하기도 하지만 앞으로의 국정운영을 전망하며 차기 대통령을 선택하는 측면이 더 크다. 즉 과거보다 미래를 선택의 기준으로 삼는 경향이 더 강하다는 것이다. 당시 우리 국민들은 경제 회복을 다른 어떤 것보다도 중요한 국정과제라고 보았으며, 이명박이 경제를 가장 잘 운영할 사람이라고 판단했다.

둘째, 노무현 대통령 또는 진보의 실패였다. 국민들은 참여정부의 국정운영을 독선적이고 무능했다고 판단했다. 이것은 노무현 개인에 대한 판단만은 아니었다. 여기에는 참여정부를 이끈 운동권 출신 실세들에 대한 인식도 포함되었다. 사실 노 대통령과 진보세력 사이에는 대통령이 권위를 완전히 상실했던 집권 후기까지는 이렇다 할 큰 갈등이 없었다. 이들은 정부와 여당, 그리고 시민단체로 역할 분담을 하면서 개혁이라는 공동의 목적을 추구했다. 그렇기 때문에 대통령의 무능과 실패는 진보의 무능이었고 진보의 실패였다. 이명박의 BBK사건이 언론매체를 장식하고 있을 때, 시중에는 '정직하고 무능한 남편보다 부정하지만 유능한 남편이 낫다'는 우스갯소리가 나돌았다.

셋째, 이명박 후보의 승리는 대통합민주신당의 호남 후보가 갖는 한계를 여실히 보여주었다. 지역주의 투표가 한국 유권자의 투표 선택에서 여전히 가장 큰 영향력을 갖는 가운데, 호남 출신 정동영 후보는 영남지역의 한나라당 후보 지지를 가르지 못했으며, 충청과 강원에서의 지지도 약화되었다. 호남 유권자가 영남 유권자의 5분의 2도 되지 않는 상황에서 영남에서 한나라당 후보의 압도적인 지지는 대통합민주신당 후보의 필패를 가져오게 한다. 이와 더불어 〈표 5-5〉에서 알 수 있듯이, 호남 출신 후보자는 수도권과 충청지역에서

<표 5-5> 제17대 대통령 선거 결과(%)

시도명	투표율	정동영	이명박	권영길	문국현	이회창
서울	62.7	24.5	53.2	2.3	7.1	11.8
인천/경기	60.8	23.6	51.4	3.0	7.1	13.7
강원	62.1	18.9	52.0	3.9	5.9	17.6
대전/충청	60.6	22.6	37.1	3.3	5.7	29.0
광주/전라	65.1	80.0	9.0	2.1	3.5	3.6
대구/경북	67.3	6.4	71.1	2.4	3.6	15.8
부산/경남	62.8	13.0	56.2	4.6	5.2	20.1
제주	60.3	32.7	38.7	4.4	7.8	15.0
전국	62.7	26.2	48.7	3.0	5.8	15.1

도 영남 출신 후보에 비해 경쟁력이 크지 않다.

노무현 대통령은 권력 이양 이후 자신의 고향인 김해 봉하마을로 낙향했다. 지지자들은 고향으로 내려간 전직 대통령을 만나러 줄지어 봉하를 방문했다. 노무현 대통령은 한 사람의 자연인이 되어 봉하를 친환경 생태마을로 만드는 일에 앞장섰으며, 시민민주주의의 발전에 관심을 갖기도 했다. 그러나 2009년 초, 검찰의 정치자금 수사는 노 전 대통령의 측근을 향하고 있었다. 형 노건평 씨의 비리뿐만 아니라 부인과 자식들의 비리가 드러나면서 노무현 대통령은 뇌물수뢰혐의로 전직 대통령으로서는 불명예스러운 검찰조사를 받았다. 2009년 5월 23일, 노무현 대통령은 고향 봉하의 부엉이 바위에서 몸을 던져 생을 마감했다.

지지자들과 진보진영에서는 보수 기득권세력이 노무현을 죽음으로 몰아넣었다고 분노했다. 그의 죽음으로 대통령과 그의 가족을 대상으로 한 비자금 수사는 일단락되었다. 그러나 무엇보다도 노무현의 죽음으로 '신화'가 만들어졌다. 지지자들에게 노무현은 더 이상 집권 기간 동안 국민의 지지를 받지 못한 실패한 대통령으로 기억되는 것이 아니라 민주주의와 분권, 지역주의의 타파, 평화와 복지 확대 등의 진보적 가치를 실현하려고 노력했던 정의로운 지도자로 남게 되었다.

06

왜 실패했을까?

　　지금까지 노무현 대통령의 임기를 4기로 나
누어 지지율이 어떻게 변했는지, 또 왜 그렇게 변했는지를 시기별로
살펴보았다. 여기서 다시 한 번 정리하면 다음과 같다.

　참여정부 제1기는 짧은 밀월기가 끝나고 지지층의 이탈로 인한 대
통령 지지율의 급락으로 시작한다. 대통령 선거에서 노무현을 지지
했던 호남 유권자와 젊은 세대가 먼저 돌아섰다. 대북송금 수사, 이
라크 파병, 화물연대 파업, 민주당 분당 등이 이러한 지지층 이탈의
원인이었다. 대통령의 가벼운 언행, 정부의 무능과 시행착오, 그리고
예고 없이 불어 닥친 경제 불황이 참여정부에 대한 국민들의 전반적
인 불안을 가져왔다.

　하지만 이 국면에서 낮은 지지는 심각한 문제가 아니었다. 일반적
으로 대통령은 집권 직후 이념과 정책적 위치를 중도로 옮기기 때문

에 선거 당시의 지지층을 어느 정도 잃게 마련이다. 대북송금과 관련해서 노무현 대통령은 야당과 여론의 압력에 밀려 특검을 선택했다. 이라크 파병은 기존의 한미동맹 틀에서 어쩔 수 없는 선택이었고, 화물연대 파업과 NEIS에 대한 대처 또한 국정 경험이 일천한 진보정부에서 나타날 수밖에 없는 시행착오였다. 이 시기의 주요 결정들은 파격적 인사문제를 제외하면 어느 정도 불가피한 것들이고, 더구나 갑자기 들이닥친 경기 침체는 노 대통령에게 책임을 물을 수 있는 성질의 것이 아니었다.

집권 2기는 노무현 대통령이 총선 승리와 탄핵 기각을 통해 통치의 기회를 다시 한 번 얻었으나, 선명성을 내건 개혁 드라이브로 인해 그 기회를 잃어버린 시기다. 2004년 4월 총선에서 열린우리당은 국회의석 과반을 획득하게 되었고, 헌법재판소에서 대통령 탄핵소추안이 기각됨으로써, 노무현 대통령은 안정적 통치의 기반을 확보할 수 있었다. 그러나 정부와 여당은 국가보안법 폐지, 과거사법 제정, 사학법 개정, 언론관계법 개정 등 4대 개혁입법을 추진하면서 보수진영 전체의 강한 반발을 불러왔다. 경제 회복에 우선적인 관심을 가지고 있던 대다수 국민들은 정부와 여당의 개혁 드라이브와 이로 인한 정치적 불안정에 심각한 불만감을 나타냈고, 대통령 지지는 다시 급락하게 되었다. 노무현 대통령은 잘못된 의제설정으로 지지를 동원하는 데 실패했고 결국 개혁입법도 후퇴하였다. 이어 실시된 4·30 재보선에서 열린우리당이 한나라당에 참패함으로써, 노무현 대통령은 여대야소의 유리한 국면을 상실하게 되었다.

집권 3기는 대통령의 낮은 지지율과 선거의 패배가 반복되는 시기였다. 낮은 지지율이 선거의 패배를 가져왔고, 선거 패배는 다시 대통령의 지지율을 떨어뜨리는 악순환이 이어졌다. 이 시기에 노무현 대통령은 낮은 지지율과 여소야대 국면을 만회하기 위해 한나라당에 연정을 제안하고 종합부동산대책을 발표했다. 그러나 연정 제안에 대한 한나라당의 반응은 냉담했다. 명분으로 내건 선거제도 개편의 실리가 없었기 때문이기도 했지만, 더 중요하게는 국민으로부터 인정받지 못한 참여정부와 동반자가 되는 것이 그들에게 이롭지 못하다고 판단했기 때문이다.

노무현 대통령은 2주택 소유자에 대한 양도세와 6억 이상 주택 소유자에 대한 종부세 과세를 내용으로 하는 부동산 대책을 내놓는다. 그러나 정책 목표였던 부동산 가격의 하락은 이루어지지 않았고, 국민들은 참여정부의 정책운영 능력에 다시 한 번 실망했다. 이 기간 동안 대통령의 지지율은 평균 26%였으며 잘못함이 잘함을 평균 34%p 앞섰다. 이러한 상황에서 실시된 4회 지방선거에서 열린우리당은 또 다시 대패한다. 이로써 열린우리당은 정당으로서의 경쟁력을 상실하고, 정부와 대통령의 국정운영 주도력은 소멸되어갔다.

노무현 대통령의 집권 4기는 집권당의 와해와 권위의 상실, 그리고 식물정부로 요약할 수 있다. 지방선거 참패 이후 1년간, 대통령 국정 지지도는 평균 17%, 잘못함이 잘함보다 평균 57%p나 더 높은 최악의 수준을 기록했다. 이런 상황에서 정부와 대통령의 국정운영 지도력은 완전히 상실되었다. 진보진영은 분열하기 시작했고 국회의원들의 연이은 탈당으로 열린우리당은 궤멸되었다. 여야 사이에 공감대가 어느 정도 형성되고 있던 원 포인트 개헌도 의제 진입에 실패했고, 한나라당도 찬성했던 한미 FTA의 인준 또한 여당 내부의 반대를 핑계삼아 다음 국회로 이월되었다. 때늦은 남북정상회담이 성사되었지만 국민들은 이미 대통령의 행보에 크게 관심을 두지 않았다. 이러한 가운데 대통령 선거는 다가왔고, 이 선거에서 대통합민주신당의 정동영 후보는 한나라당의 이명박 후보에게 대패했다. 정권은 이양되었고 새로 들어선 이명박 정부는 노무현 정부의 흔적을 지우고 보수로 회귀했다.

노 대통령의 임기 5년을 전반적으로 살펴볼 때, 참여정부의 실패를 결정적으로 규정짓는 두 가지 사건이 있었다고 할 수 있다. 하나는 참여정부가 집권 2기에 국민의 의사와 거리가 먼 정치 개혁에 올인하고 경제를 외면함으로써 국정지지율의 급락을 가져왔던 일이다. 다른 하나는 낮은 지지율 자체의 문제다. 집권 중·후반기에 지속적으로 추락하는 지지율로 인해 대통령이 아무 일도 할 수 없게 되어 정부가 식물정부로 되어버린 일이다.

지금까지의 분석을 토대로 이 장에서는 기존에 제기되었던 참여정부의 다양한 실패 요인들을 검토하고자 한다. 진보진영에서는 참여정부의 실패를 언론을 앞세운 보수진영의 끊임없는 공격과 결코 호의적이지 않았던 진보의 분열 때문이라고 지목한다. 반면 보수진영에서는 노 대통령과 핵심인사들의 가벼운 언행, 정부운영의 무능력과 시행착오, 그리고 급진적 이념을 문제 삼았다.

보수의 공격과 **진보의 분열**

노무현 정부에 참여했던 대부분의 사람들은 노 대통령과 참여정부의 실패를 좀처럼 인정하려 하지 않는다. 노무현 대통령은 대통령으로서 하고자 했던 일을 다했을 뿐 아니라 경제를 포함한 모든 분야에서 성공적이었다는 것이다. 꼭 인정해야 한다면 실수와 좌절은 있었으나 실패는 아니었다는 것이다. 그러나 이들도 대통령에 대한 국민의 낮은 지지를 부정하지도 또 할 수도 없다.

보수신문의 여론조작

국민이 왜 대통령의 직무에 대한 평가에서 그렇게 부정적인가에 대해 참여정부를 포함한 진보 진영에서 가장 많이 주장하는 것은 보수 기득권 계층의 반발 그중에서도 특히 〈조선일보〉, 〈중앙일보〉, 〈동아일보〉와 같은 보수언론의 조작된 여론몰이 결과라는 것이다. 실제로 이들 신문에 그려진 노 대통령과 참여정부의 인사들은 오만과 독선으로 가득 차 있을 뿐 아니라 지도자로서의 품격을 갖추지 못한 사람들이다. 더 큰 문제는 국정을 운영할 만한 전문성과 경험이 없으며 민중해방이나 민족해방과 같은 매우 위험한 사상을 가지고 있다는 것이다. 특히 이들 신문들이 지속적으로 제기하는 경제위기론은 참여정부로서는 견디기 힘든 것이었다. 보수신문들이 노 대통령과 참여정부에 대해 편파적이고 일방적인 왜곡보도를 한 것은 어느 정도 사실이다. 그렇기 때문에 이들에 대한 참여정부의 적대적인 입장도 당연하다고 하겠다. 그러나 대통령의 낮은 지지율이 이들 신문에 의해 만들어졌다는 것은 여론에 대한 신문의 영향력을 지나치게 과대평가한 결과다.

보수신문의 여론조작을 대통령의 낮은 지지의 주범으로 볼 수 없는 이유는 세 가지다. 먼저 여러 언론의 효과를 과학적 방법으로 측정해온 기존의 연구들에 따르면 신문을 포함한 대중매체가 수신자의 태도에 미치는 영향은 매우 제한적이다. 대중매체가 전달하는 내용은 기존의 태도를 변화시키거나 새로운 태도를 형성하는 데 거의 영향을 미치지 못하고 기존의 태도를 강화시키는 효과만 가져온다는 것이다(Klapper, 1960). 다시 말해 조중동에 실린 노 대통령에 대한 사실과 다른 부정적 기사가 기존의 반대자를 더 강한 반대자로 만들었을 가능성은 크지만 기존의 지지자나 중립자를 반대자로 바꿨을 가능성은 매우 적다는 얘기다. 왜냐하면 노 대통령의 지지자는 보수신문을 읽지도 않고, 읽어도 기억을 못하거나, 기억을 해도 기사가 거짓이라고 생각해 믿지 않기 때문이다.

둘째로 한국의 언론에는 보수신문만 있는 것이 아니다. 신문 중에는 진보적인 〈한겨레〉, 〈경향신문〉도 있고 인터넷으로는 〈프레시안〉이나 〈오마이뉴스〉도 있다. 누구나 자신의 성향에 맞는 신문을 보기 때문에 젊은 사람들과 호남인들이 나이든 사람들과 다른 지역 사람들보다 보수신문을 보는 비율이 낮은 편이다(한국기자협회, 2006). 보수신문을 보는 사람들이 보수적인 이유는 신문을 읽고 보수적으로 된 것이 아니다. 반대로 원래 보수적이기 때문에 보수신문을 구독하는 경향이 높다. 또한 시청률, 신뢰도, 영향력 등에서 신문을 압도하는 TV는 참여정부 기간 동안 반정부였던 적이 거의 없다. 오히려 엄밀히 말하면 친정부적이었다고 할 수 있다. 실제로 탄핵기간 동안 탄핵사태를 한쪽에만 유리하게 왜곡 보도했다는 지적을 많이 받은 언론은 조중동이 아니라 KBS와 MBC였다.

끝으로 보수신문의 노 대통령에 대한 비판적 기사는 노 대통령의 인기가 떨어질수록 더 많아지고 또 강해졌다. 이는 보수신문이 여론을 이끌었다기보다는 이들의 기사가 여론을 또는 구독자들의 의견을 따랐음을 의미한다. 아마 이들이 대통령과 정부에 대한 공격을 마음대로 할 수 있는 시점을 기다렸다고 하는 것이 더 정확한 표현일지 모른다. 어찌됐건 시간적으로 볼 때 참여정부와 노 대통령에 대한 보수신문의 부정적 기사는 대통령의 지지 하락 후에 본격적으로 나타났기 때문에 지지 하락의 결정적인 원인이 될 수는 없다. 정말 보수신문의 힘이 경제위기가 아닌데 위기를 만들어 진보정권의 지지를 하락시킬 만큼 위력적이었다면 10년의 진보정권은 애초에 탄생조차 하지 못했을 것이다.

진보의 분열

참여정부 인사들이 참여정부의 실패의 원인으로 제기하는 또 하나는 참여정부 기간 동안 진보세력들이 단합하여 대통령과 정부를 밀어주지 않았다는 것이다. 첫 번째 진보의 분열로 볼 수 있는 것은 집권 초기 열린우리당의 창당과 대통령의 탄핵으로 귀결된 민주당 내부의 동교동계 구주류와 노무현을 지지하는 신주류 간의 갈등이다.

갈등의 원인은 크게 세 가지였다. 하나는 권력 다툼이다. 논공행상에 따라 출범 초기부터 권력에서 소외된 구주류는 호남 푸대접론을 제기하며 ˙대통령을 비난했으며, 이에 대해 신주류는 이들을 사라져야 할 부패한 구세력으로 규정했다.

다음으로는 이념이다. 신주류는 모든 정책분야에서 일관되게 진보적이었던 데 반해 구주류는 대북정책을 제외한 대부분의 정책분야에서 진보성을 찾아볼 수 없었다. 따라서 신주류는 구주류를 진정한 진보정권의 동반자로 인정할 수 없었다.

끝으로 노무현의 탈지역주의이다. 노무현 대통령은 호남 의존적인 민주당을 전국적 진보정당으로 탈바꿈하는 것을 원했다. 그렇기 때문에 총선을 앞두고 신주류는 결국 민주당을 나와 개혁신당을 창당하게 되었다. 노 대통령의 탈지역주의에 대한 의지가 강했던 것만큼, 지지기반의 탈호남화 또는 호남과 진보의 분열은 어느 정도 필연적이었다고 할 수 있다. 이 분열이 집권 초기 호남인의 지지율이 급락하는 데 영향을 주었다는 것도 분명하다.

그러나 그렇다고 해서 지지기반으로서의 호남이 완전히 사라진 것은 결코 아니다. 17대 총선 결과는 이를 뚜렷하게 보여준다. 이 선거에서 호남인들은 압도적인 표차로 호남을 독점적으로 대표해왔던 민주당을 버리고 전국정당을 지향하는 열린우리당을 선택했기 때문이다. 국민의 낮은 직무평가를 구조화시킨 결정적 계기가 집권 2기 정부의 개혁 드라이브였다는 것을 고려한다면 여당의 분열과 대통령의 실패와는 연관성이 크지 않다고 볼 수 있다.

두 번째 진보의 분열로 볼 수 있는 것은 노 대통령의 비진보적 또는 보수적 정책에 대해 진보진영으로부터 제기되었던 반대와 비판이다. 대북송금특검 수용, 이라크 파병 결정, 한미 FTA 추진, 해군기지 건설, 양극화와 비정규직 문제의 미해결, 불법파업 강경대응 등에 대해 진보정권의 출범을 지지했던 일부 진보세력들은 시위와 농성 등으로 강하게 저항했다. 정권 초기 진보진영 내 소위 평등파에 의해 참여정부의 신자유주의적 정책에 대한 많은 비판이 제기되었으나 정권 후기에는 노무현 떠나기 속에 비판이 진보세력 전체로 확대되었다. 그러나 이들의 반대나 비판이 노 대통령에 대한 국민의 지지를 떨어뜨렸다고 볼 수 있는 사례는 별로 없다. 사실 노 대통령의 보수적 혹은 중도 정책의 대부분은 여론에 떠밀려 만들어진 것이라는 점에서 진보에서는 지지가 줄어들었지만 중도 또는 보수적인 국민들로부터 지지가 늘어날 수 있었다. 한미 FTA 타결 당시 대통령의 지지가 상승한 것은 그 좋은 예이다.

끝으로 노 대통령과 참여정부 인사들이 가장 가슴 아파했던 진보의 분열은 열린우리당의 소멸로 대표되는 집권 5년차의 진보의 분열이었다. 지역주의의 극복을 일생의 과제로 삼았던 노무현은 전국적 진보정당을 지향했던 열린우리당이 4년도 되지 않아 해체되는 것을 견디기 힘들었던 것으로 보인다. 사실 이것은 진보의 분열이라기보다 진보의 노무현 떠나기라는 말이 더 정확할 것이다. 그러나 분열이든 떠나기이든 이 마지막 분열은 노 대통령의 실패의 결과이지 원인은 아니다. 노무현과 참여정부가 이미 국민들로부터 외면당한 상태에서, 진보세력이 다가오는 대선과 총선에서 어떤 희망도 기대할 수 없어 탈출을 시작했기 때문이다.

이렇게 볼 때 노 대통령의 실패의 요인으로 보수의 공격과 진보의 분열은 논리적으로나 경험적으로 그리 설득력이 크게 있어 보이지 않는다. 무엇보다 참여정부가 경제와 민생문제의 해결을 위한 노력보다 정치 개혁에 올인함으로써 국민의 지지를 잃어버린 것은 보수 언론의 왜곡 보도나 권력과 이념을 둘러싼 진보진영 내의 갈등과 거리가 멀기 때문이다.

파격, 무능, 그리고 진보

노 대통령에 대한 낮은 지지의 원인으로 보수언론을 포함해 참여정부를 비판적으로 보는 사람들은 노 대통령과 주요 참여정부 인사들의 무책임하고 공격적이며 품격이 없는 언행, 비전문성과 경험 부족으로 인한 무능, 한국과 세계의 변화에 맞지 않는 급진적 이념 등세 가지를 지적하고 있다.

품격 없는 언행

노 대통령은 집권 이후 첫 광주 방문 자리에서 "호남사람들 나 좋아서 지지한 것 아니지 않나", 집권 3개월째 5 · 18단체 대표들을 만난 자리에서 화물연대 파업, 전교조의 집단행동 등의 상황을 빗대어, "대통령 못해먹겠다", TV에서 생방송으로 중계되었던 평검사와의 대화 자리에서 "이쯤 되면 막가자는 거지요", 평통자문회의 자리에서 전시작전통제권 환수에 반대하는 군 원로들을 향해, "창피한 줄 알아야지, 국민 세금 받아 직무유기한 것 아니냐" 등 수많은 설화를 남겼다. 직설적이고 공격적이며, 파격적인 대통령의 발언에 대해 보수진영은 대통령으로서 품격이 낮으며, 위험하고 무책임하다는 비판을 했다. 당시 나경원 한나라당 대변인은 노무현 대통령의 언행을 "개구즉화(開口卽禍; 입만 열면 화를 부른다)"라고 비난했다.

노무현과 참여정부의 정책제안 역시 럭비공이라고 불릴 만큼 파격적이고 예측할 수 없었다. 측근들이 선거자금법 위반으로 구속되자 노 대통령은 재신임을 묻는 국민투표를 제안했다. 국민들의 경제적 불만으로 재보궐선거에서 참패하자 선거제도 개정을 조건으로 한나라당에 대연정을 제안했다. 또한 대통령의 권위가 한껏 실추되었을 때, 불쑥 원 포인트 개헌을 국회에 제안하는 등 예측불허의 행동들이 반복되었다.

그러나 노 대통령의 언행은 많은 비판에도 불구하고 때로는 소탈하고 인간적이며, 탈권위적으로 비쳐 지지자들의 호감을 산 측면도 있다. 당시 언론들은 노무현 대통령의 이러한 언행을 '실수'라고 지적했다. 그러나 그의 행동은 결코 즉흥적이지도 실수에 의한 것도 아니었다. 오히려 평소의 소신이 표출된 것이었으며, 지지를 동원하기 위해 정치적으로 계산된 것이었다. '호남사람들 나 좋아서 지지한 것 아니다'는 호남 의존적 민주당의 전국정당화를 겨냥한 언급이었으며, '이쯤 되면 막가자는 거지요'는 검찰 개혁의 필요성을 보여주려는 발언이었으며, '창피한 줄 알아야지'라는 발언도 자주국방의 담론을 확산시키려고 의도된 것이었다. 부정부패 추방, 지역주의 극복, 책임 정치의 실현 등도 그가 오랫동안 기획하고 추구해온 것이었다. 비록 보수언론들이 노 대통령의 언행을 예측할 수 없는 돌출적인 행동이라고 비판했으나, 그것이 오랜 기간 동안 기획되어왔던 노무현과 참여정부의 정책과 노선의 표현이라는 점에서 그의 언행을 대통령에 대한 국민의 낮은 지지의 주요 원인이라고 보기는 어렵다.

국정운영의 무능

정부의 무능을 말하자면 참여정부만이 특별히 해당되는 것은 아니다. 참여정부 이전과 이후에도 무능한 정부라고 진단할 수 있는 정부가 없지 않기 때문이다. 어쩌면 처음으로 진보(운동권)세력에 의해 주도된 정부에 '무능'이라는 딱지가 붙여지는 것은 필연적이라고 할 수 있다. 그만큼 그들에게 국정운영의 경험이 부족했기 때문이다.

참여정부가 무능한 정부라고 불렸던 원인 중의 하나는 인사에 있었다. 참여정부의 주요 인사는 정치 성향 중심이나 민주화운동 경험 중심으로 이루어졌다. 그리하여 주요 정책결정에 관료들은 소외되고 경험이 없고 실무적이지 못한 운동권 출신과 진보 학자들이 중심에 있었다. 대통령 직속의 각종 위원회는 다층적인 국정과제에 대한 종합적인 안배와 부처 간 조정의 시도에도 불구하고 관료들과 외부 전문가들 사이에 불협화음이 끊이지 않았다.

더욱 결정적인 것은 참여정부의 핵심세력이 권력을 행사할 준비가 되어 있지 못했다는 점이다. 대통령 선거 전 민주당의 당내 경선 때만 해도 한 자릿수의 지지율을 보였던 노무현 후보가 대통령이 될 것이라고 예상한 사람은 매우 드물었다. 당선 직후 TV방송에 부인과 함께 출연한 노무현 당선자는 당선소감을 말하는 자리에서 '꿈인지

생시인지 모르겠다'고 언급하면서 대통령 당선이 자신도 믿기지 않는다고 할 정도였다. 노무현 대통령은 당선 이후 인수위원회를 통해 비로소 국정의 방향과 세부과제를 준비하기 시작했다.

2004년 총선에서 열린우리당이 국회 다수당이 된 것도 갑작스러운 일이었다. 탄핵 역풍 속에서 '막대기만 꽂아도 되었다'고 할 정도로 경험 없는 정치 신인들이 대거 국회에 진입하게 되었다. 탄핵 덕분에 의원이 되었다고 '탄돌이'라고 불렸던, 열린우리당 초선의원 108명은 '108번뇌'라고 비아냥의 대상이 되기도 했다. 국회 권력을 가졌지만 그들은 당의 리더십이 허약한 가운데 좌충우돌하는 모습이었다. 이들 중 그나마 당을 이끌었던 그룹은 386 정치인들이었는데, 이들에게는 국회 운영에 대한 실무적 지식과 기술이 크게 부족했고, 민주화운동 경험 속에서 익숙해진 '민주 대 반민주'의 사고틀 하에 보수 기득권세력에 대한 전투적 태도만이 자리하고 있었다.

참여정부의 무능을 대표적으로 보여준 정책 사례는 부동산정책이다. 집권 초기 노무현은 전월셋값 급등에 대해 대통령직을 걸고 집값을 안정시키겠다고 약속했다. 그러나 부동산 가격이 계속 상승하자 개발과 규제를 왔다 갔다 하면서 정책의 비일관성을 드러냈다. 평균 6개월에 한 번씩 발표되었던 부동산 종합대책이 보여주는 시행착오는 불난 집 앞에서 불은 끌 줄 모르고 발만 동동 구르는 어린아이와 다름없었다. 그 결과 참여정부의 정책 운용 능력에 대한 국민의 불신이 크게 높아졌다. 부동산정책의 실패는 다른 정책들의 효과성마저

감소시켜 결국 무능한 진보라는 딱지가 붙게 되었다.

그러나 참여정부의 국정운영 능력에 대해 많은 국민이 불신했다고 해서 정부의 무능이 곧 대통령의 실패를 가져왔다고 할 수는 없다. 앞에서 본 것처럼 정부가 민생과 경제 문제를 최우선 과제로 하지 않았기 때문에 실패했다면 이는 정책의 효율성이나 효과성과는 무관한 것이기 때문이다. 국민의 입장에서 보자면 참여정부는 민생이나 경기 회복의 정책이 없었기 때문에 경제 분야에 있어서는 성공한 정책도 실패한 정책도 없었다. 국민들에게 각인될 만한 뚜렷한 경제정책이 없는 상태에서 집권 후반에 나타났던 일시적인 경제 회복을 참여정부 정책의 공으로 인정해줄 국민은 매우 적을 수밖에 없다. 여기서 한 가지 덧붙일 것은 민생과 경기 회복에 관해서는 무정책이 결코 상책은 아니라는 것이다. 실행 가능성과 비용에 대한 논쟁이 있긴 하지만 자유주의적 개혁조차도 정부가 시장에 대해 아무것도 하지 않는 것은 아니다. IMF 위기 때, 금융, 기업, 노동, 재정 분야의 개혁에서 정부가 적극적인 개입을 한 것은 이를 잘 보여준다.

이념적 경직성

언행, 능력, 이념의 세 요인 중 대통령의 실패에 상대적으로 가장 큰 영향을 미친 요인은 이념일 것이다. 청와대 권력의 핵심과 열린우리당을 이끈 주도 세력들은 1980년대 운동권의 이념을 그들이 처한 위치와 시대에 맞게 변화시키지 않고 그대로 고수하려고 했다. 그렇기 때문에 이들은 반성장주의적 입장을 택했고 국민의 기대와는 달리 정치 개혁을 정부의 최우선 과제로 설정했다.

80년대 민주화운동의 이념은 민주, 자주, 평등으로 요약된다. 민주는 권위주의체제를 무너뜨리고 민주주의를 정착시키는 것이며, 민주화 이후에는 권위주의 잔재를 청산하고 민주주의를 더욱 발전시키는 것을 의미했다. 민주를 실현하기 위한 참여정부의 정책 방향은 권위주의 유재의 청산, 지역주의 정치의 타파였다. 이를 위해 노무현 정부는 과거사 정리, 국가보안법 폐지, 선거제도 개편과 원 포인트 개헌 등의 정책을 강하게 추진했다. 그러나 민주 개혁의 취지에서 주도된 4대 개혁입법은 보수세력 전체의 반발을 받으면서 의도한 성과를 내지 못했다.

노무현 대통령은 정부 혁신도 강조했다. 그는 제왕적 대통령제 하에서 대통령에게 집중되어 있는 권력을 분산하려고 시도했다. 정부 부처의 통할(統轄)을 국무총리에게 일임하는 책임총리제를 실현하고자 했으며, 국정원의 국내 정보 보고를 폐지하고 검찰의 권력 중립화도 시도했다. 그러나 노무현의 소위 '권력 내려놓기'는 현실에 맞지 않는 이상이었으며, 대통령이 자신에게 주어진 권력을 제대로 사용하지 않음으로써 오히려 국정의 효과적인 운영을 가로막는 결과를 낳았다.

자주는 민족해방파(NL) 진영의 핵심적 가치였다. 당시 유행했던 종속이론이나 세계체제론의 영향을 받은 자주사상은 우리 사회의 주요모순을 민족모순이라고 보았다. 그들은 미국의 군사적·정치적·경제적 예속으로부터 해방되고, 민족의 자주적인 힘으로 남북통일을 이루어내는 것을 제1의 과제로 삼았다.

참여정부는 이러한 자주의 가치를 외교안보정책에 적극 반영했다. 전시작전통제권의 환수를 내세운 자주국방론, 미국과 중국 사이에 균형 있는 외교를 강조한 동북아 균형자론, 그리고 김대중 정부의 햇볕정책을 계승한 대북포용정책이 그것이다. 그러나 자주사상이 반영된 노무현 정부의 외교안보정책은 당시 조성되고 있던 국제정치적 환경에 잘 맞지 않았다. 노무현 취임 당시 미국은 이미 공화당의 부시가 집권하고 있었다. 9·11테러 이후 부시정부는 대량살상무기를 소지하고 있는 소위 '악의 축(이란, 이라크, 북한)'을 대상으로 그들의 체제 변화까지 도모하는 매우 공격적인 외교정책을 펼치고 있었다. 참여정부의 포용정책에도 아랑곳하지 않고 핵을 개발하고 미사일을 발사하는 북한에 대해 국내에서도 비판의 목소리가 점점 높아지고 있었다.

평등은 80년대 운동권 중 민중해방파(PD)가 주로 강조했던 가치다. 사회주의 혁명에 경도되어 있던 이들은 계급모순을 우리 사회의 기본모순이자 주요모순으로 인식했고, 자본주의 사회의 착취구조로부터 노동자, 농민, 도시빈민 등 민중을 해방시키는 평등한 사회의 구현을 제1의 과제로 삼았다. 서구의 사회당들은 신자유주의를 대세로 받아들이고 평등의 기준을 '결과의 평등'에서 '기회의 평등'으로 변경하면서 '제3의 길'을 걸었던 데 반해, 당시 한국의 진보진영은 여전히 구사민주의의 이념적 틀에서 벗어나지 못하고 있었다. 참여정부를 주도했던 386 정치인들은 김대중 정부의 국정방향 중 하나였던 '민주주의와 시장경제'에 대해서도 비판적이었다. 열린우리당은 신강령에서 '사회적 시장경제'라는 용어를 채택해 지향하는 경제체제가 단순한 자유시장체제가 아님을 강조했다.

노무현 대통령은 임기 내내 성장에 대해 소극적이었다. 실제로 성장이라는 단어를 대통령의 발언에서 찾아보기 힘들 정도였다. 대신에 양극화와 고령화의 사회변동이 강조되면서 분배와 복지 확대가 추구되었다. 그러나 경제 성장은 어떤 나라에서건 모든 국민들의 기본적인 요구다. 경제가 성장해야 복지도 확대될 수 있기 때문이다.

노 대통령과 참여정부에 대한 국민의 지지가 낮았던 이유가 이들이 표방했던 민주, 자주, 평등 그 자체를 국민들이 반대했기 때문은 아니다. 사실 한국인의 상당수는 민주화 개혁, 남북 간의 화해, 빈부격차의 완화를 지지하고 있다. 그러나 이 가치들에 대해 국민이 동의한다고 해도 경기 회복이나 경제 성장과 같은 경제적 가치보다 우선적으로 추구되어야 하는 가치는 아니라고 생각한다. 그렇기 때문에 노 대통령의 실패는 이념의 구체적 내용보다는 상황을 고려하지 않고 자신들의 이념만을 실현하고자 하는 이념적 경직성에서 비롯되었다고 할 수 있다. 더 나아가 참여정부는 진보 이념을 우선적으로 실천하려다가 결국 실천할 수 있는 권력마저 잃어버리게 되었다.

많은 진보적인 정당과 정치인들이 집권하게 되면 그들의 진보적 이념과 노선을 희석해 국민이 보편적으로 추구하는 성장과 안정을 위해 노력하는 경우가 많다. 그들의 중도적 또는 현실주의적 변화가 그들이 추구해왔던 진보이념을 배신한 결과라고 할 수는 없다. 그보다도 그들이 추구하는 이념을 실현시키기 위해서는 권력이 있어야 하고 그러려면 국민의 지지를 얻어야 하기 때문에 그렇게 할 수밖에 없는 불가피한 선택이었다고 할 수 있다. 역설적이기는 하지만 사회주의를 실현하는 데 필요한 권력을 얻기 위해 사회주의의 실현을 연기하다가 결국 포기할 수밖에 없었던 유럽 사회당의 역사가 그 전형적 사례이다.

실패는 피할
수 있었는가?

이 책을 쓰면서 든 가장 큰 의문은 노무현 대통령의 실패는 과연 피할 수 있었던 것인가, 아니면 필연적인 것이었던가 하는 점이다. 예를 들어 그는 왜 국민의 지지를 얻기 위해 경기 회복과 민생문제 해결에 좀 더 노력을 하거나 또는 경제 성장과 정치 개혁을 동시에 추구하는 선택을 하지 못했을까 하는 의문이다. 이에 대한 대답으로 실수를 범하지 않았다면 실패를 피할 수 있었다는 선택론의 입장과 그의 실패는 그 자신도 해결할 수 없는 구조적 요인의 결과라는 필연론의 입장을 생각해 볼 수 있다.

잘못된 **선택**

선택론은 선택의 실수가 없었다면 실패를 막을 수 있었다는 이야기다. 그렇다면 하지 않을 수 있었던 실수에는 어떤 것들이 있었을까? 첫 번째로 들 수 있는 것은 제16대 대선과 제17대 총선에서의 승리를 정치 개혁에 대한 국민의 명령이라고 잘못 받아들였다는 점이다. 노무현 대통령은 자신의 역할을 구시대를 마감하고 새 시대를 시작하는 대통령으로 인식하고 개혁을 그 수단으로 생각했다. 그리하여 인수위원회부터 여러 가지 개혁 조치들을 구상했고, 총선 승리 이후 이들을 적극적으로 추진했다. 당시 3김의 퇴장과 더불어 새 정치와 정치 개혁에 대한 국민의 요구가 어느 정도 있었던 것은 사실이지만 선거 결과에 미치는 영향은 결코 크지 않았다.

먼저 대선에서 노무현 후보의 당선은 민주당의 영남 출신 후보로서 호남의 절대적인 지지와 더불어 영남의 지지를 어느 정도 나누어 가질 수 있었기 때문이었다. 미군 장갑차에 의한 여중생 사망사고와 SOFA 개정을 둘러싸고 확산된 젊은 세대의 반미감정의 도움도 컸다. 또 선거공약으로 충청권으로의 수도 이전을 제시함으로써 충청인 다수로부터 지지를 받을 수 있었다. 열린우리당이 총선에서 승리한 것은 선거법 위반을 빌미로 거대 야당에 의해 일방적으로 결정된 탄핵에 대해 전국적인 반대 여론이 일어났기 때문이다. 또 노무현 대통령의 국정운영을 회복시키기 위해서 야당이 너무 커져서는 안 되겠다는 견제심리도 작용했다. 이렇게 볼 때, 대선과 총선에서의 승리는 참여정부의 정치 개혁에 대한 국민의 지지가 컸기 때문은 아니었다.

개혁적 의지를 강하게 내비쳤던 노무현 대통령에 대한 대중적 지지가 높았으며 개혁법안들에 대한 여론이 나쁘지 않았던 임기 초기에는 그러한 오판이 가능했을지도 모른다. 그러나 대통령 지지도가 30%대로 떨어지고 참여정부의 경제운영에 대한 국민의 불만이 치솟았던 집권 중·후반기에 국민들이 개혁을 지지하고 있었다고 노 대통령이 판단했을 가능성은 매우 적다. 사실 노무현 대통령은 국민의 지지가 없어도 개혁을 이루어야 한다는 생각을 가지고 있었다. 국민의 인기에 연연하지 않고 해야 할 일을 하는 것이 '단임 정신'이라며 여론의 향방에 좌우되지 않고 개혁을 실천하겠다는 그의 의지가 언행 곳곳에서 나타났다.

두 번째 실수로 생각할 수 있는 것이 국민의 민생과 경제에 대한 요구를 보수진영의 여론조작으로 인식했다는 것이다. 보수언론은 참여정부 내내 경제위기론을 제기했다. '개혁에 집착한 노무현 정부 탓에 경제가 위기에 처했다'는 것이다. 여기에 대해 대통령은 보수세력들이 '개혁을 저지하기 위해 경제위기를 확대'하고 있다고 비판했고, '한국 경제는 여러 지표로 보아 잘 가고 있는 편'이라는 낙관론을 내놓았다. IMF 이후 경제의 체질 변화를 감안할 때, 당시를 위기라고 규정하는 것은 과도했다고 볼 수도 있다. 그러나 대통령의 개혁지상주의나 경제낙관론은 당시 기업과 서민들이 겪고 있던 고통을 무시하는 것이었다.

갤럽이나 KSOI, 그리고 한국리서치 등 여러 조사기관에서 실시한 정기 여론조사에서 경제에 대한 국민적 요구와 불만이 심각할 정도로 높았다는 것을 노 대통령과 청와대가 몰랐을 리 없었다. 그럼에도 불구하고 대통령이 경제위기론에 대해 이러한 대응을 한 것에는 두 가지 측면이 있다. 하나는 국민들의 여론을 사실적인 실체로 인식하지 않는 태도이다. 대중의 여론은 기득권세력 혹은 지배세력의 여론조작에 의해 형성되는 가의식(false consciousness)의 반영이라는 생각이다. 여론에 대한 이러한 태도는 당시 조사에서 나타난 국민들의 경제에 대한 요구와 불만이 보수언론의 여론조작의 결과라고 보게 된다. 국민들의 인식은 고쳐야 할 계몽의 대상이지 따라야 할 대상이 아닌 것이다. 이렇게 되면 여론조사에 나타난 국민들의 의사는 중요하게 보이지 않으며, 이를 조장하는 보수진영의 논리에 대한 반격에 초점을 두게 된다.

노무현 대통령이 경제위기론에 대해 경제낙관론으로 반응했던 또 다른 이유는 운동권 출신인 노무현 대통령과 참여정부의 핵심인사들에게 성장론에 대한 근본적인 회의가 있었기 때문이다. 노무현 대통령에게 성장론은 박정희 권위주의 정부에서 추진해왔던 구시대의 패러다임이었다. 임기 중 균형재정, 규제완화, 노동의 유연화와 같은 자유주의적 경제정책을 불가피하게 수용하는 측면이 없지 않았지만,

성장에 대한 근본적인 불신이 있었다. 참여정부와 노무현 대통령은 자유주의적 성장방식의 한계를 강조하면서, 대신 복지 확대로 내수시장을 활성화하는 길이 성장을 지속하게 할 수 있다는 '동반성장론'을 선호했다. 그러나 현재 대부분의 나라에서 세계화 시대의 성장을 위한 자유주의적 정책은 더 이상 이념적 선택이 아니다. 그것은 필수로 받아들여진다.

　마지막 세 번째 실수로 노무현 대통령이 국민의 지지가 없어도 개혁을 성공시킬 수 있다고 낙관했을 가능성을 생각해볼 수 있다. 특히 총선에서 열린우리당이 국회의 과반수 의석을 획득하게 되자 정치개혁을 실천할 수 있는 절호의 기회가 왔다고 생각했을 것이다. 그러나 참여정부의 개혁드라이브에 대한 보수진영의 강한 반대와 대통령의 직무평가에 대한 여론의 낮은 지지로 인해 정국 운영은 물론 개혁마저도 용두사미로 끝나고 말았다. 그렇다고 해서 개혁의 실패가 노무현 대통령의 지나친 낙관에서 기인했다고 보기는 쉽지 않다. 그는 국민의 지지가 낮아 개혁 추진이 어렵다는 것을 알았다 하더라도 노선을 변경하지 않았을 것이기 때문이다. 실패하더라도 개혁을 추진한다는 대통령의 태도로 보아 그는 개혁에 대해 결코 낙관적이지 않았던 것이다. 오히려 반대로 참여정부와 같은 진정한 진보정부가 언제 또다시 집권할 수 있을까 하는 데 대해 매우 불안했던 것처럼 보인다.

　노무현 대통령은 그의 정치역정에서 기회주의를 멀리 했다고 자부했다. 사실 그는 부산에서 지역주의와 타협 없이 싸웠다. 대부분의 진보성향 정치인들이 영남에서 당선되기 위해 김대중이 이끄는 민주당과 구분되는 다른 야당을 만들어 출마하거나 여당인 민자당으로 갔다. 그러나 노무현 대통령은 YS의 3당합당 이후에도 '꼬마 민주당'에 남았고, 부산에서 연이은 낙선의 고배를 마시면서도 지역주의 타파를 외치며 민주당의 이름으로 출마했다. 오직 선거에서 당선되기 위해서 기회주의를 받아들일 수 없었던 그의 성격으로 볼 때, 개혁의 추진이 선택의 문제는 아니었다.

구조적 **필연**

필연론은 노 대통령과 참여정부가 처한 구조적 환경에 의해 실패할 가능성이 아주 높았기 때문에 이들이 실수를 하지 않았더라도 실패했을 것이라는 주장이다. 이는 선택론보다 더 큰 설득력을 갖는다. 그 이유는 국민후보론이나 영남후보론과 같이 노무현을 대통령으로 당선시킨 요인들이 바로 그의 대통령 직무수행에 대한 낮은 평가를 가져온 요인이 되었기 때문이다.

첫 번째 필연적인 실패의 이유는 국민후보가 가지는 한계 때문이었다. 노무현이 민주당의 대통령후보로 공천되는 데는 국민의 지지가 절대적인 역할을 했다. 민주당의 국민 참여경선 이전에 당내 기반도 없고 한 자릿수의 지지율밖에 보이지 못했던 노무현 후보는 경선

과정에서 '노사모'의 열광적인 지지에 힘입어 대중적 지지가 높아졌고 결국 대선 후보로 선출되었다. 앞으로도 여당이든 야당이든 국민 참여경선에서 자금과 조직이 없는 정치 신인이 후보자로 선출될 가능성은 얼마든지 있다. 기존 정치권에 오래 몸담지 않았다는 것이 대중적 인기를 얻는 데 오히려 더 도움을 줄 수 있기 때문이다.

정당이 이데올로기적으로 서로 근접하게 되고 정당 간 정책적 차이가 별로 나타나지 않으면 정당과 정치인에 대한 국민의 불신이 높아지게 된다. 정당과 정치인은 권력만을 위해 권력을 추구하는 것처럼 보이기 때문이다. 특히 정치인의 낮은 자질과 정당 간의 끊임없는 대립과 갈등으로 기존 정치권에 환멸을 느끼는 국민은 새로운 것을 찾게 된다. 이러한 상황에서 새 정치에 대한 기대가 커지게 되면 현실 정치에 경험이 없는 아마추어와 신념이 강한 이데올로그를 선호하는 경향이 강해진다.

세계적으로 기존의 정당과 정치인에 대한 불만과 불신이 높았을 때 등장했던 새 정치인들은 대부분 강한 이념을 갖고 정치를 별로 해보지 않은 사람들이었다. 정치를 하지 않았기 때문에 이들이 현직 대통령으로서 이끄는 정부는 참여정부와 같이 도덕적이거나 미래지향적이지만 비현실적으로 노선이 한쪽으로 치우치게 된다. 그리고 이들은 정치에 대한 경험과 기술이 부족하기 때문에 국정운영에 필요한 국민의 지지를 얻는 데 실패할 가능성이 매우 크다. 사실 노무현 대통령과 참여정부 인사들의 개혁에 대한 강한 신념과 사명감은 비현실적이며 불통적인 독선을 내포하고 있었으며 그들의 젊음과 새로움은 무모하고 미숙한 시행착오를 반복하게 했다.

노무현 대통령의 실패를 설명할 수 있는 두 번째 필연론은 영남 출신 대통령이 이끄는 진보정권의 한계였다. 민주화 이후 운동권 출신들로 구성된 진보진영은 소수 명망가를 제외하고 대부분 정당과 국회 등의 제도권 정치에서 벗어나 있었다. 그러나 2000년 총선에서 김대중 대통령이 햇볕정책과 젊은 피 수혈을 내세워 운동권 출신 인사들을 민주당으로 대거 영입했다. 이들의 제도권 진출이 본격화되면서 민주당의 새 지지기반으로서 호남인과 비호남의 젊은 세대의 연합이 구축되었다. 그리고 이들 진보진영은 불과 4년 만에 대선과 총선에서의 연이은 승리로 국회와 행정부를 동시에 장악한 한국 정치의 주도 세력으로 부상했다. 그야말로 아무도 예상치 못한 일이다. 그러나 앞에서 본 것처럼 이들의 승리가 진보를 지지하는 사람들이 국민의 다수였기 때문은 결코 아니었다.

정당은 궁극적으로 선거에서 승리를 목표로 하고 한국의 정당들도 예외는 아니다. 선거에서의 승리를 위해 민주당과 그 지지자들인 호남인은 2002년 한나라당의 이회창 후보를 이길 수 있는 가능성이 가장 높은 노무현 후보를 대통령 후보로 선택했다. 노 후보의 개인적 자질과 경력도 좋아할 만했지만 수도권 지역을 제외하고는 인구수가 가장 많은 부산 경남지역 출신이었다는 점이 더 크게 작용했다. 영남 출신 진보후보의 경우 지역주의가 약한 영남 또는 비호남의 젊은 세대에 대한 공략이 효과적이어서 본선 경쟁력이 높기 때문이다. 90% 이상의 호남 표에 30~40%의 비호남 표를 합치면 과반수에 육박해 언제든 선거에서 승리를 바라볼 수 있는 것이다.

그러나 당선 이후 영남 혹은 비호남 출신 대통령에 대한 호남인의 지지는 호남 출신 대통령에 대한 지지보다 쉽게 이탈할 수 있다. 대북송금특검을 노무현 대통령이 결정했을 때, 그가 만약 호남 출신 대통령이었으면 호남 유권자들의 이탈은 나타나지 않았을 것이다. 오히려 같은 지역 출신 대통령에게 설득되었을 가능성이 높다. 또한 노무현 대통령은 자신의 영남 지지를 바탕으로 민주당을 탈호남 전국정당으로 탈바꿈하려 했고, 그렇기 때문에 호남에 대한 지나친 의존을 꺼려했다. 진보에 대한 지지자는 대부분의 선거구에서 다수가 아니었다. 따라서 진보만으로는 총선이나 지방선거에서 경쟁력을 갖기 힘들다. 참여정부 내내 각종 재보궐선거에서 열린우리당이 이길 수 없었던 근본적인 이유는 여기에 있었다.

세 번째 구조적 이유는 단임정부의 한계이다. 대통령 단임제 하에 대통령의 국정운영 동기는 재선에 있지 않다. 그들의 동기는 '역사에 길이 남는 대통령'이다. 그렇기 때문에 단임 대통령은 인기에 연연해하지 않고 자신이 하고 싶은 정책을 고집스럽게 독단적으로 추진하고자 하는 경향이 생긴다. 여론을 중시하지 않게 된다는 말이다. 물론 그동안 한국의 모든 단임정부들이 여론의 지지를 무시했다는 것은 아니다. 대통령이 여론을 무시하고 그가 하고 싶은 일만 하려고 할 때 국민과 야당의 반대로 그 일을 성공시킬 수 없을 뿐 아니라 다른 일마저도 실패하게 된다.

일반적으로 단임정부는 임기 초가 아니면 개혁을 추진할 수 없다는 생각에 개혁 초조감에 빠지게 된다. 개혁을 최우선과제로 삼는 개혁 정부일수록 더욱더 그러하다. 노무현 정부가 2004년 총선 이후 4대 개혁입법을 추진할 때 꼭 이런 모습이었다. 급하게 개혁을 추진하면서 정부와 여당은 국민들을 설득할 시간을 갖지 못했고, 국민들 또한 개혁으로 인한 정치적 갈등과 불안정의 과정을 참고 기다려주지 않았다. 개혁이 최우선적으로 필요하다고 생각하지 않는 국민들은 대통령과 정부에 대한 지지를 거두게 된다. 이러한 상황에서 국민들은 어찌해도 5년만 지나면 임기가 끝난다는 생각에 정부를 더 이상 권위의 대상으로 인정하지 않고 그 결과 정부는 아무것도 할 수 없는 식물정부가 되어버린다. 결국 노 대통령의 말기와 같이 국민과 야당은 말할 것도 없고 여당조차도 대통령의 임기가 하루빨리 끝나기만을 지루하게 기다리게 된다.

경제적 실패는 **우연인가**

혹자는 노무현 대통령이 그냥 운수가 나빠 실패했다고 할지 모른다. 경제만 나쁘지 않았다면 국민의 지지가 그렇게 낮지 않았을 것이기 때문이다. 특히 임기 초기에 갑자기 불어 닥친 경기불황은 노 대통령과 참여정부의 잘못도 아니고 또 이들이 적극적으로 노력했다고 하더라도 단시간에 해결된다는 보장도 없었기 때문이다. 그런 점에서 노 대통령이 경제적으로 실패한 것은 아니라고 주장할 수 있다. 그러나 노 대통령이 경기불황이나 회복에 일차적 책임이 없다고 해서 노 대통령의 실패를 우연으로 볼 수는 없다. 다시 말해 경기불황이 없었더라도 참여정부는 실패할 가능성이 높았다는 것이다. 그 이유는 두 가지다.

첫째, 노 대통령과 참여정부 핵심인사들은 80년대 민주화운동 과정에서 갖게 된 민주, 평등, 자주와 같은 진보적 가치에 대해 확고한 신념을 가지고 있었고 이를 실천하는 것이 그들의 역사적 사명이라고 인식했다. 그들은 국민을 약속의 땅으로 이끌려고만 했지 국민의 요구나 기대를 수용하여 국정을 운영하려고 하지 않았다. 사실 그들의 눈에는 그들이 실행하려는 정의와 이를 방해하는 한나라당과 보수진영의 불의만 있었지 이를 중립적으로 지켜보는 국민은 안중에 없었다. 때문에 그들이 국민의 지지 속에 성공적으로 개혁을 수행한다는 것은 불가능한 일이었다고 할 수 있다. 왜냐하면 국민의 기대와 요구보다 자신들의 가치를 우선시하는 대통령과 정부의 지도력을 신뢰하고 따르는 국민은 별로 많지 않을 것이기 때문이다.

둘째, 경기와 경제 문제와 같이 먹고사는 문제는 국민들에게 경제가 매우 어려울 때만 중요한 문제가 되는 것이 아니다. 경제는 시간과 장소를 막론하고 가장 중요한 문제이다. 민주화 열풍이 뜨겁게 불었던 1987년 대선기간 동안에도 정부가 해결해야 할 과제로 물가와 성장과 같은 경제 문제를 지적하는 사람들이 민주화를 요구하는 사람들보다 두 배나 많았다. 현재도 마찬가지다. 한때 '풍요로운 사회'나 '탈물질 사회'의 도래를 얘기했던 서구 국가에서도 지금까지 국민의 정부에 대한 요구는 변함없이 경제에 가장 중점을 두어 달라는 것이다. 정부가 그러지 못할 때는 국민의 지지를 얻을 수 없고 그렇게 되면 노 대통령과 같이 실패할 수밖에 없다. 그런 정부는 민주화를 위해 노력한 사람들의 정부일지라도 민주적 정부라고 할 수 없다. 국민의 뜻을 따르지 않기 때문이다.

개혁의 적임자를 대통령으로 선출해 놓고 경기 회복과 경제 성장부터 달성하기를 요구하는 것은 국민의 변덕이 아니냐고 반문할 수 있을 것이다. 상대방의 외모만 보고 결혼한 사람이 배우자에게 돈부터 벌어 오라고 하는 것처럼 말이다. 맞는 말이다. 사실 2002년 대선에서 후보자들의 경제 운영능력을 기준으로 표를 던진 국민은 많지 않다. 그러나 비록 우리나라 선거에서 투표자의 선택이 지역주의와 같은 감정적 요인에 의해 결정되었다고 해서 선출된 대통령이 자신이 원하는 정책을 마음대로 결정하고 집행할 수 있다는 것을 의미하지는 않는다. 국민이 보편적으로 원하는 정책부터 실행해야 하며 민생이나 경기 회복은 바로 그러한 정책이다. 가정이나 국가에 있어 경제 문제의 해결은 성공적인 삶의 필수조건이기 때문이다.

08

신화를 넘어서

그러면 노무현 대통령의 실패로부터 얻을
수 있는 교훈은 무엇인가? 이 장은 이 책의 결론을 대신해 실패로부
터의 교훈을 대통령과 정부, 진보정당과 정치인, 그리고 국민의 측면
으로 나누어 다룰 것이다.

대통령은 **무엇을 해야 하나**

노 대통령의 실패로부터 앞으로의 대통령과 정부가 잊지 말아야
할 사실은 무엇보다 권력은 국민의 지지로부터 나오고, 지지는 선거
시기의 약속보다 임기 중 해낸 업적으로 결정된다는 점이다. 노무현
대통령은 선거에서 국민들의 열광적인 지지를 받고 당선이 되었다.

그러나 집권을 하고 난 이후 그의 지지가 떨어지고 좀처럼 오르지 않았던 이유는 그에 대한 말은 무성하게 많았지만 내세울 만한 국정 성과가 보이지 않았기 때문이다. 낮은 지지가 지속됨으로써 노 대통령은 더욱더 국정의 주도력을 상실하게 되는 악순환을 반복하게 되었다. 이와 관련해서 얻을 수 있는 교훈은 다음과 같다.

첫째, 대통령이 해야 할 일은 하고 싶은 일이 아니라 할 수 있는 일이라는 것이다. 특히 취임 초에는 국정운영에 필요한 지지를 구축하기 위해 반대가 없는 것 또는 반대가 적은 것부터 시작하는 것이 필요하다. 대통령 단임제 하에서 대체로 대통령들은 집권 초기에 자신이 하고자 했던 것을 우선적으로 이루려는 경향이 있다. 그렇다 하더라도 야당과 국민의 반대가 적고 성공적으로 달성할 수 있는 것부터 시작해야 한다. 김영삼 대통령은 집권 초기에 금융실명제 개혁, 공직자 부패 방지, 하나회 척결 등 일련의 개혁정책에 성공할 수 있었다. 성공의 이유는 무엇보다도 이들 개혁 사안들이 대다수 국민들의 지지를 받을 수 있는 것이었기 때문이다.

노무현 대통령의 국정운영의 특징 중 하나는 정치 개혁, 자주국방, 지역주의 극복과 같은 논쟁적인 거대 담론을 제시했다는 것이다. 이런 방식은 이념 갈등을 증폭시키고 국민적 지지를 떨어뜨려 다른 정책의 실현마저 힘들게 한다. 개혁과 같이 새로운 변화가 아니고 법과 질서의 확립과 같이 반복적이거나 일상적인 것의 성공적인 수행도 국정에 대한 국민의 지지를 높일 수 있다.

두 번째로는 경제 문제를 중시하라는 것이다. 먹고사는 문제는 시간과 장소를 막론하고 일반 국민에게 가장 중요한 문제이다. 경제 문제를 대통령과 정부가 이념적인 입장에서 다루어서는 안 된다. 선거에서는 대통령 후보가 자신의 지지층을 중심으로 한 지지를 획득하기 위해 이념에 따른 특정 계층의 경제적 이익을 대변하는 정책을 강조할 필요가 있을지 모르지만, 집권을 한 이후에는 전체 국민을 상대로 경제정책을 펴야 한다. 성장이든 양극화 해소든 결코 피하지 말아야 한다. 노무현 대통령은 성장담론에 대한 반감을 가지고 있었고 이러한 경향은 결국 국민들로 하여금 경제를 외면하는 대통령으로 비치게 했다. '복지 없는 성장 없다'는 구호가 통할 수 있는 시대가 되었다지만 여전히 '성장 없는 복지 또한 없다'가 더 현실적인 구호다. 파이를 키우지 않고 어떻게 제대로 된 복지가 가능할 것인가.

세 번째로 정부의 구성과 충원에 있어서 능력을 최우선시해야 한다는 것이다. 정부의 성패는 성장과 복지와 같은 보편적 가치의 달성에 달려 있다. 국민들은 경제 성장도 바라고 복지 확대도 바란다. 정책의 노선보다는 결과적 효율성과 효과성을 더욱 중시한다. 성장과 복지 확대를 위해 이러저러한 노선이 있을 수 있지만 국민들은 그러한 정책들이 국가의 세금을 덜 들이고 얼마나 더 효과적으로 실현되었는가에 관심이 있는 것이다. 정부의 효과성과 효율성을 높이기 위해서는 품성과 성향만을 보아서는 안 된다. 능력을 최우선시해야 한다. 참여정부의 인사는 이념적 성향 위주였다. 초기에 고건 · 이헌재 등 행정 · 경제전문가들과 김대중 정부 당시에 중용되었던 인물들이 포진해 있었으나 이들이 물러나고 점차 국정 경험이 없는 민주화 운동권 출신의 인사들로 채워졌다. 이들은 넓은 가슴(도덕)을 가지고 있었으나 작은 머리(지식)를 가지고 있었기 때문에 무능한 진보라는 비판을 피하기 어려웠다.

진보는 어떻게 해야 하나

새정치민주연합을 비롯한 진보정당과 그에 속한 정치인들은 먼저 정권의 획득보다 정권의 성공이 더 중요함을 명심해야 한다. 영남 출신 혹은 비호남 출신의 후보자를 내세워 영남에서 30% 이상의 지지를 얻고 호남에서 압도적인 지지를 받을 수 있으면 집권에는 성공할 수 있다. 문제는 그 다음이다. 집권 이후 진보 대통령의 국정운영이 순탄치 않다는 것이다. 노무현 대통령의 경험이 진보정당과 정치인에게 주는 교훈은 다음과 같다.

첫째, 시대와 환경에 맞는 과감한 이데올로기적 변화를 피하지 말아야 한다. 아니 이념의 쇄신(ideological renewal)은 반드시 필요하다. 1980년대의 민주 · 민중 · 민족이라는 이념은 이제 진보적이라기보다 교조적이다. 특히 세계화 시대에서 경제 성장을 위한 자유주의 정책의 수용은 불가피하다. 그렇기 때문에 미국과 유럽의 진보적 자유주의 혹은 사민주의적 정당들은 1990년대에 경제 분야에 있어 이념적 변화를 꾀했다. 미국 민주당의 클린턴(Clinton)은 신민주주의라는 이름으로, 영국 노동당의 블레어(Blair)는 제3의 길이라는 이름으로, 독일 사민당의 슈뢰더(Schröder)는 신중도라는 이름으로 자유주의 경제정책으로의 변화를 적극 수용했다. 이들이 자유적 또는 보수적 경제개혁에 성공할 수 있었던 중요한 이유 중 하나는 역설적이게도 이들이 진보적 정치인이었기 때문에 진보진영으로부터 반대가 적었다는 점이다.

노무현 대통령과 더욱 가까이 비교할 수 있는 인물은 브라질의 룰라 대통령이다. 두 사람은 성장배경과 정치성향이 비슷하다. 그렇지만 두 사람의 집권 후 행보는 전혀 달랐다. 한국의 노무현 대통령이 여대야소의 집권 2기부터 개혁을 앞세워 자파의 결속을 도모하고 보수와의 투쟁을 전개했다면, 브라질의 룰라 대통령은 집권기간 동안 경제정책에 집중해 성장의 과실을 맺는 데 올인하고 파벌을 초월한 탕평책과 부패와의 전쟁으로 측근들도 예외 없이 잘라내면서 정치적인 통합을 이루어냈다.

둘째, 진보세력은 보수세력과의 투쟁보다는 국민의 지지 극대화에 더 노력해야 한다. 제도권 정치의 승패는 누가 국민의 지지를 더 받는가에 의해 결정된다. 보수정당과 언론에 대한 투쟁은 국민의 지지를 증가시키지 않는 한 무의미하다. 그렇기 때문에 지지가 증가할 수 있다면 진보는 보수와 협력할 수도 있고 노선도 바꿀 수 있어야 한다. 노무현 대통령은 보수세력의 경제위기론을 반박하는 데 급급한 나머지 국민들에게 경제를 무시하는 대통령으로 비쳤으며 개혁입법 과정에서 보수와 이념투쟁을 벌이는 동안 정권에 대한 국민들의 지지가 하락했다. 국민들에게 진보를 설득할 수 없으면 진보를 과감히 버려야 한다. 국민들이 잘못 인식하고 있으니 이를 깨우쳐주어야 한다면 이는 사회운동가의 모습이지 국민들로부터 선출된 대통령의 바람직한 모습은 아니다.

셋째, 진보정당과 정부는 선거에서 양대 지지기반인 비호남 젊은 세대와 호남인들의 지지연합을 선거 후 계속 유지할 수 있어야 한다. 현재 한국인의 지역주의 투표행태를 고려할 때 호남 출신 후보자가 대통령에 당선될 가능성은 크지 않다. 선거에서 과반수에 가까운 득표를 통해 또 하나의 진보 대통령이 출현한다면 그는 비호남 또는 영남 출신일 가능성이 크다. 현재 새정치민주연합의 잠룡이라 불리는 문재인, 안철수, 박원순, 안희정 등이 모두 그러하다.

문제는 선거에서 새누리당이 싫어 비호남 출신 진보 후보자를 압도적으로 선택한 호남인들로부터 비호남 출신 대통령이 집권기간 동안에 계속 지지를 받을 수 있는가 하는 것이다. 비호남지역 출신 대통령으로 구조적 한계가 있을 수밖에 없지만 최선을 다해야 할 것이고 무엇보다 노무현 대통령의 전철을 밟아서는 안 된다. 다시 말해 지역주의의 청산이 진보가 추구하는 가치 중의 하나라고 해도 집권하자마자 탈지역을 내세우며 호남 정치인들을 권력에서 배제해서는 안 된다는 것이다. 진보진영이 인식해야 할 현실은 호남인의 지지를 얻지 못하면 그들은 국민으로부터 다수의 지지를 받을 수 있는 능력이 없다는 것이다. 따라서 선거 후 국정운영에 필요한 지지를 유지하기 위해 호남을 대표하는 세력의 요구를 수용하고 이들과 권력을 공유하는 것은 어느 정도 불가피하다고 할 수 있다.

국민이 바뀌어야 한다

최종적으로는 국민이 바뀌어야 한다. 노무현 대통령과 같은 정치인이 집권해 국정운영의 실패를 맛보고 죽음에 이르게 된 데에는 국민의 책임도 없지 않기 때문이다.

첫 번째, 국민에게 주어지는 교훈은 한 번 선택을 했으면 정부와 대통령에 통치의 기회를 주라는 것이다. 임기 초나 중반에 최소한도의 지지는 보내야 정치력을 가지고 정책을 주도할 수 있다. 국민이 정부와 정당에 대해 지나치게 낮은 지지를 보내게 되면 정치 지도력이 고갈되어 아무것도 할 수 없는 불능 정치가 초래된다. 잘못하고 있다고 국민이 느끼기 때문에 여론조사에서 그렇게 대답하겠지만, 적어도 임기의 초·중반까지는 인내를 가지고 지켜보는 정치문화가 필요하다.

최근 우리나라 국민들 사이에 그들이 뽑아 놓은 대통령에 대한 지지의 철회가 너무 빠르게 일어나고 있다. 노무현, 이명박 대통령이 그랬고 지금의 박근혜 대통령도 그렇다. 사건이나 사고가 하나 터지면 그 지지가 20%대로 급락한다. 다음의 한 시민의 말에서 뽑아 놓은 지도자의 업무성과가 나올 때까지 기다려줄 줄 아는 정치문화에 대한 기대가 있음을 확인할 수 있다.

> 저는 노무현 대통령을 지지했다고 해야 옳을 것 같아요. 많이 기대를 했었고 특히 청문회를 통해서 기대를 했던 바가 컸던 분인데……. 워낙 기득권층이 움켜쥐고 있으니까 대통령 혼자서 일 못하거든요. 그리고 또 한 가지 안타까운 점은 국민들한테도 안타까웠어요. 조금 기다려줄 수도 있었는데 그분(노무현 대통령)이 뭐 좀 하려고 하면……. 저는 그분 돌아가시고 나서 노사모 만들어서 가슴에 묻는다는 사람들 진짜 마음에 안 들더라고요. 왜 죽은 다음에 묻어요. 차라리 일을 할 때 지지 좀 하고 참아줬으면. 어차피 그분 정치세력이 없었잖아요. 그럼 차라리 국민이라도 업고 갈 수 있었는데 저는 그 부분이 제일 안타까웠어요. 그 이후로 대통령이 나오면 그래도 국민 입장에서는 이왕 됐으면 내가 그분을 위해서 됐건 원하지 않았건 지지를 하고 기다려줘야 되지 않나 하는 성향으로 바뀌게 됐습니다.[8]

---

8 서강대 현대정치연구소, 2014년 12월 15일, 사회 · 정치이슈 관련 포커스 그룹 좌담회에서

두 번째로 정치에 대해 지나치게 기대하지 말라는 것이다. 민주정부는 기본적으로 약한 정부이다. 재화의 생산과 분배는 대부분 시장에서 일어난다. 정부는 시장이 하지 못하는 공공의 영역에 한해서 역할을 할 뿐이다. 특히, 5년 단임 정부는 임기 중 할 수 있는 일이 그리 많지 않다. 한 대통령이 한두 가지 우리 사회의 발전을 위해 기억할 만한 업적을 남긴다면 성공이라고 할 수 있다. 그렇기 때문에 대통령에 대한 실망은 기대가 클수록 커지게 된다.

여기서 특별히 말하고 싶은 것은 '새 정치'에 대한 막연한 기대를 조심해야 한다는 것이다. 많은 사람들이 기존 정치에 대한 불신으로 새로운 정치인과 정당에 의해 주도되는 새로운 정치를 바라는 경향이 있다. 2011년 서울시장 보궐선거에서부터 나타나기 시작한 안철수 현상이 대표적이다. 컴퓨터 보안프로그램을 개발한 과학자이자 기업인으로 잘 알려진 안철수가 대통령 후보로 거론되면서 어느 정당도 지지하지 않는 유권자들(무당파)을 중심으로 지지가 확산되어 유력 대권주자로 급부상한 것이다. 본인도 정치에 뛰어들어 2012년 대선에서 문재인 후보에 후보직을 양보했으나, 이후 신당을 만들어 도전하려는 움직임을 보이다가 지난 6회 지방선거를 앞두고 새정치민주연합에 들어감으로써 그의 인기는 하락했다.

우리 사회는 기존 정치의 때가 묻지 않고 참신해 보이는 인물이 여론조사에서 떠오르면 그에게로 지지가 몰리는 현상이 나타난다. 안철수 의원에 대한 지지가 낮아지자 이번에는 그 지지가 반기문 유엔

사무총장으로 옮겨졌다. 그러나 안철수 현상에서 보았던 것처럼, 이들은 정치권에 들어오지 않을 때는 지지가 높지만 막상 기존 정치에 들어와 활동하기 시작하면 인기가 물거품처럼 사그라진다. 이는 그들이 대통령 선거에 나가 당선될 수 있으나 당선 이후 대통령이 되고 나서 그에 대한 지지가 급락할 수 있음을 보여주는 것이다. 이들이 내거는 새 정치에는 새로운 것이 없거나 달성하기 어려운 것들만 있기 때문이다. 게다가 이들은 기존 정치에 대한 경험이 없기 때문에 갈등을 조정하고 통합해나가야 하는 대통령직을 제대로 수행할 능력도 부족하다. 국정운영이 삐걱거리게 되면 그에 대한 지지는 더욱더 떨어지게 되어 결국 아무것도 하지 못하는 불능 정부가 될 가능성이 높다.

2002년 민주당 경선에서 노무현의 돌풍도 새로운 것을 좇는 현상이었다. 2007년 한나라당 경선에서 박근혜 후보를 누르고 대선 후보가 된 이명박 현상도 여의도 정치에서 빗겨나 있는 사람에 대한 지지로 보인다. 결과는 좋지 않았다. 문제는 대통령이 실패하면 국민이 불행해진다는 것이다. 새로운 정치를 좇는 현상은 기존 정치에 대한 불신 때문이다. 우리나라 사람들의 정치적 불신은 세계 정상급이다. 다른 나라의 정치와 비교해볼 때 실제 우리나라의 정치는 국민들이 불신하는 것만큼 심하게 부패하지 않고 또 무능력하지도 않다. 한국의 국가경쟁력 지수, 경제자유 지수, 부패 지수, 민주주의 지수 등을 다른 나라와 비교해서 살펴보면, 180여 개국 중 대개 30~40위 사이에 있다(이갑윤, 2014). 국회에서 싸움만 한다고 하는데 갈등은 정치의 기본이다. 문제는 이를 해소해내는 정치적 능력이 부족할 따름이다. 이 점은 우리 정치가 풀어야 할 문제인데, 정치적 불신을 지금처럼 높게 갖고 새로운 인물만을 찾는다면 더더욱 풀리지 않을 문제이다.

세 번째, 선거에서 투표할 때는 좋아할 수 있는 사람이 아니라 정치를 잘할 수 있는 사람을 선택해야 한다. 국민에게 대통령으로서 좋은 사람이 어떤 사람인가 물으면 가장 많이 드는 덕목이 정직성, 청렴성, 일관성 등이다. 그러나 정직하고 부패하지 않으며, 약속을 지키는 정치인은 흔하지도 않을 뿐더러 이들이 정치를 잘한다는 보장도 없다. 미국 사람들의 약 60%가 클린턴을 믿지 않는다고 했지만 그들은 클린턴을 대통령으로 두 번 당선시켰다. 왜냐하면 그가 대통령으로 능력 있는 사람이라고 생각했기 때문이며 그 결과는 클린턴 집권 기간 동안 미국의 경제가 2차 대전 이후 가장 큰 도약을 이룬 것으로 나타났다.

대부분의 한국인은 이념이나 지역에 따라 선거에서 정당과 후보자의 지지를 결정한다. 내가 진보적인 혹은 보수적인 성향을 가지고 있으니 진보적 혹은 보수적 성향의 후보에게 투표하고 내가 영남 혹은 호남에 살거나 그 지역 출신이니까 영남 혹은 호남 출신 후보를 지지하는 경향이 한국인의 투표 선택에서 가장 큰 결정요인이다. 그러나 이제는 이러한 투표 행태에서 과감히 벗어나야 한다. 국민들이 그토록 바라는 성장과 복지의 달성은 노선이나 감정의 문제가 아니라 전문성과 능력의 문제이기 때문이다. 어떤 사람이 한국 경제가 성장동력을 찾아 저성장의 터널에서 빠져나오는 데 기여할 수 있는 동시에 세수를 합리적으로 확보해 복지 정의를 실현할 수 있는 사람인지를 잘 판단해 선택하는 것이 필요하다는 말이다.

신화를 넘어서

최근 한 조사에 따르면, 역대 대통령 중 가장 좋아하는 대통령으로 노무현 대통령이 41.2%, 박정희 대통령이 27.6%, 그리고 김대중 대통령이 13.7%로 나타났다.[9] 집권 당시 노무현 대통령에 대한 지지에 그토록 인색했던 국민들이 현재는 그를 가장 호감이 가는 대통령으로 지목하고 있다. 이전의 다른 조사에서도 노무현 대통령은 1위이거나 박정희 대통령 다음으로 2위를 기록했다. 왜 국민들은 노무현 대통령에 대해 이토록 호감을 갖는가?

노무현 대통령은 시작부터 호남과 젊은 층의 지지가 빠지면서 낮은 지지를 기록했고, 집권 2년차에는 탄핵 역풍으로 지지를 만회했으나 민생 외면과 개혁드라이브로 인해 다시 지지가 떨어졌으며, 중

---

9 리서치뷰, 2015년 2월 18일 조사

·후반부터는 낮은 지지로 인해 아무것도 할 수 없었다. 심지어 퇴임 후 불법자금조사로 자살에 이르기까지 여론의 지지는 매우 낮았다. 가장 덜 부패했던 대통령이 부패 추문 속에 생을 마감하게 된 것은 그야말로 역사의 아이러니가 아닐 수 없다.

노 대통령의 죽음은 모두에게 책임이 있다. 자신과 가족은 말할 것도 없고 MB정부와 검찰, 한나라당과 조중동 등의 보수언론에 일차적 책임이 있다. 그러나 집권 후기와 퇴임 후 그를 버렸던 민주당, 민노당, 〈한겨레〉와 〈경향신문〉, 그리고 국민 모두에게 어느 정도 책임이 있다. 이제 국민들은 두 차례의 보수정권이 기대했던 만큼 경제성장과 복지 확대를 이루지 못하자 차라리 죽어간 노무현 대통령이 하려고 했던 일들을 하게 했으면 무언가 달라지지 않았을까 하는 회한을 갖게 된다.

우리 사회는 해방과 독립 후 경제 성장과 민주화 등에서 상당한 발전을 달성했음에도 불구하고 여러 약점을 갖고 있고 이러한 약점들이 노무현이 추구해온 가치를 돋보이게 한다. 노무현은 일생을 비주류로 살아왔다. 상고 출신으로 대학도 나오지 않았으며, 민주화운동에서도 중앙무대에서 활동하지 않아 진보가 소수자에 불과했던 부산 이외의 지역에서는 거의 알려지지도 않았다. 정치에 입문한 이후 성공하지 못한 야당 정치인으로서 지역주의와 싸우며 못 배우고 못 가지고 소외된 사람들을 대변해왔었다.

우리 사회의 고속성장과 민주화의 이면에는 보수기득권층의 부정과 부패, 미국에 대한 지나친 정치·군사적 의존, 경제적 약자를 위한 복지 인프라 부족 등이 자리하고 있다. 이러한 우리 사회의 약점들이 그가 내세운 탈권위주의(특권 없는 세상), 민족주의(대등한 한미관계, 남북 간 신뢰), 동반 성장(성장과 함께 가는 복지) 등의 가치를 국민들로 하여금 공감하게 한다. 노무현 대통령은 자질 또한 비교적 정직하고 일관되며, 성실성을 지닌 우리 정치에서 흔히 볼 수 없는 사람이었다. 그의 사후에 '그런 사람 또 없습니다'라는 어느 가수의 노래가 많은 사람들의 눈물을 흘리게 했던 것처럼, 노무현 정부 이후 한국 정치를 보면서 국민들은 '그런 사람 또 어디 있을까' 하는 마음을 갖게 된 것이다.

그러나 노무현 대통령에 대한 지나친 신성시는 금물이다. 자신이 옳다고 믿는 원칙과 신념을 이루기 위해 국민의 바람에도 아랑곳하지 않고 자신의 길을 갔던 노무현 대통령이 현재 행복하지 못한 우리를 행복하게 해줄 것이라는 보장은 없다. 무엇보다도 민주주의는 철인왕이 아니라 국민이 이끄는 정치체제이다. 국민은 주인이고 대통령은 국민이 일정 기간 고용한 피고용인에 불과하다. 그리고 이 피고용인은 임기 동안 주인의 뜻을 충실히 따라야 한다. 그렇기 때문에 민주주의에서 국민보다 더 위대한 지도자는 없다. 때론 주인인 국민도 잘못할 수 있기 때문에 민주주의가 완벽한 정치체제라고 할 수는 없지만 권위주의 체제나 전체주의 체제보다 더 우월한 체제라는 사실은 역사적으로 충분히 증명되어왔다.

노무현 대통령이 지향했던 이념과 가치에 많은 사람들이 공감했지만 그것은 쉽게 도달할 수 없는 이상이었으며 또 국민이 요구했던 최우선적인 가치도 아니었다. 그는 정직하고 성실하며 일관적이었지만 동시에 공격적이고 독선적이며 오만했다. 무엇보다 집권 기간 동안 경기 회복과 경제 성장을 요구하는 국민 여론을 제대로 수용하지 않았다. 1980년대 운동권이 가졌던 진보 이념 중에는 21세기의 한국 사회에 잘 맞지 않는 부분이 많다. 과감히 변화시켜야 한다. 대통령은 말이 아니라 업적으로 판단되어야 한다. 논란이 많아 요란했지만 낮은 지지 가운데 그가 이루려 했던 정치 개혁조차 성과로 나타나지 않았다. 선출된 왕이 되고자 했던 진보 대통령 노무현은 실패했으며 그러한 실패가 노무현의 신화화로 다시 반복되어서는 안 될 것이다.

노무현 대통령 국정 지지도와 주요 일지

년	월	대통령 지지도		정치 이슈 관련 일지
		R&R	KSOI	
2003	2			대북송금특검법 국회 통과
	3	75.1		참여정부 파격 인사 논란, 전국 지검 평검사와의 대화
	4	75.0		이라크전쟁 파병 동의안 국회 통과 · 반대 시위
	5	70.9	48.4	화물연대 파업과 NEIS 사태
	6	46.8	43.1	대북송금특검, 박지원 구속
	7	45.3	42.9	굿모닝게이트, 새만금 중단 법원 판결
	8	43.0	30.9	정몽헌 회장 자살, 신당 논의, 권노갑 구속
	9	37.5	34.6	민주당 내분, 통합신당 논의
	10	34.9	32.9	대통령 재신임 발언, 이라크 파병 결정
	11	40.2	37.9	열린우리당 창당
	12	35.8	32.3	대선자금 수사, 한나라당과 노 대통령 측근 연루
2004	1	30.5	30.3	대선자금 수사 지속, 안희정, 최도술 구속
	2	34.4	32.7	대통령의 선거 개입 발언 논란
	3	34.1	37.8	대통령 탄핵안 국회통과, 탄핵 반대 촛불집회

	4	41.5	35.7	17대 국회의원선거, 열린우리당 과반의석 확보
	5	41.5	50.1	헌재 탄핵기각, 고건 총리 사표, 이해찬 총리 취임
	6	48.9	39	6·5재보선, 한나라당 완승
	7	34.2	29	헌재 행정수도 이전 위헌 판결
	8	35.1	29.5	친일진상규명법과 사립학교법 개정법 논란
	9	37.4	26.7	국가보안법 폐지 논란
	10	31.7	28.5	정부 여당 4대 개혁입법안 확정
	11	27.6	21.8	4대 개혁입법 논란
	12	29.0	26.2	4대 개혁입법 국회통과 실패
2005	1	35.6	30.7	이기준 교육부총리 인사 파문
	2	39.2	26.5	북한 핵무기 보유 선언
	3	39.6	38.4	노 대통령 대일 강경자세, 행정중심도시법 국회 통과
	4	47.9	39.2	4·30 재보선, 열린우리당 참패
	5	39.1	31.3	2주택 양도세 과세
	6	32.8	27.2	여권 내부 주도권 갈등
	7	27.2	23.1	대연정제의, X파일 문제로 1997년 대선자금 쟁점화
	8	27.0	25.2	노 대통령 자주국방론 제기, 8·31부동산대책 발표
	9	26.6	20.4	남북장관급회담 및 6자회담 개최
	10	28.5	23.6	10·26 보궐선거, 열린우리당 참패
	11	24.7	26.4	열린우리당·민주당 통합론 대두
	12	25.9	26.4	사학법개정안 통과, 한나라당 장외투쟁
2006	1	27.1	28.8	정부·사학 정면 충돌

	2	33.4	22.9	한미FTA 협상 시작, 한나라당 · 자민련 합당
	3	31.8	29.4	이해찬 골프 파동 사퇴
	4	35.5	31.0	한명숙 총리 취임
	5	35.0	18.2	5 · 31 지방선거 열린우리당 참패
	6	24.8	14.1	노 대통령 개혁기조 계속, 열린우리당 민생 해결 강조
	7	26.3	19.7	김병준 교육부총리 논란, 7 · 26 재보선 여당 참패
	8	23.1	14.6	전시작전권 환수 로드맵 확정
	9	25.6	13.4	한미정상회담 · 6자회담 의제
	10	24.1	12.9	자주국방 및 한미동맹 강조, 북한 핵실험
	11	21.6	14	부동산대책 발표, 종부세 고지서 발송
	12	20.6	12.1	화물연대 총파업
2007	1	20.3	16.9	노 대통령 개헌 제의, 한나라당 민생회담 제의
	2	22.6	16.2	열린우리당 의원 23명 집단 탈당, 통합수임기구 구성
	3	25.7	19.9	한미 FTA 고위급회담
	4	31.6	25.5	4 · 26재보선 여당 패배
	5	29.0	24.0	정부기자실 통폐합 논란
	6	28.8	18.8	한미FTA 타결 및 서명, 노대통령 선거중립 논란
	7	26.0	27.1	노대통령 개헌 재주장
	8	29.5	26.1	한나라당 이명박 후보 선출
	9	26.6	24.6	언론사 기자실 통폐합 철회 요구
	10	41.7	30.3	남북정상회담

	11	30.4	30.3	삼성비자금 로비 의혹 특검, 개성관광 시작
	12	26.6	20.7	17대 대통령선거, 한나라당 이명박 후보 당선
2008	1	33.7	21.0	이명박 당선자 인수위원회 발족
	2	30.2		노무현 대통령 퇴임

참고자료

강준만, 2011, 『한국현대사 산책, 2000년대 편: 노무현시대의 명암』, 서울: 인물과 사상.

한국미래발전연구원·노무현재단, 2011, 『진보와 권력: 참여정부 정책총서 정부운영 편』, 서울: 한국미래발전연구원.

한국사회여론연구소(KSOI), 2003~2008, 《동향과 분석》, 제1호~제126호.

문재인, 2011, 『문재인의 운명』, 서울: 가교출판사.

이갑윤·이혜영, 2014, 『국민이 바뀌어야 정치가 산다』, 오름.

참여정부 국정운영백서 편찬위원회, 2008, 『참여정부 국정운영백서』, 서울: 국정홍보처.

Klapper, J., 1960, *The Effects of Mass Communication*, New York: Free Press.

국정홍보처, 2008, 〈참여정부 5년의 기록: 다큐멘터리 5부작〉.

한국기자협회, 2006년, 지역별신문구독률 분석

한국사회여론연구소(KSOI), 대통령 국정 지지도.

한국갤럽, 대통령 직무평가.

리서치앤리서치(R&R), 대통령 국정 지지도.

〈조선일보〉 사설.

〈한겨레〉 사설.

기타 관련 신문 기사들.

리서치뷰, 2015년 2월 18일 조사

대통령 노무현은 왜 실패했는가

2015년 11월 16일 초판 1쇄 인쇄
2015년 11월 20일 초판 1쇄 발행

지은이   이갑윤 · 이지호
펴낸이   박래선 · 신가예
펴낸곳   에이도스출판사
출판신고 제25100-2011-000005호

주소   서울시 은평구 진관4로 17, 810-711
전화   02-355-3191
팩스   02-989-3191
이메일   eidospub.co@gmail.com

표지 디자인 공중정원 박진범
본문 디자인 김경주

ISBN   979-11-85415-08-6   03340

잘못 만들어진 책은 구입하신 서점에서 바꾸어 드립니다.

이 도서의 국립중앙도서관 출판예정도서목록(CIP)은 서지정보유통지원
시스템 홈페이지(http://seoji.nl.go.kr)와 국가자료공동목록시스템
(http://www.nl.go.kr/kolisnet)에서 이용하실 수 있습니다.
(CIP제어번호: CIP2015030289)